VOYAGES

EN ALGÉRIE

Par M. l'abbé CARRON,

Chanoine titulaire de la Cathédrale de Châlons-sur-Marne,

ancien vicaire-général d'Alger.

Châlons-sur-Marne,

LAURENT, IMPRIMEUR-LIBRAIRE,

Rue d'Orfeuil, 14-16.

—

1859.

Le manuscrit de cet ouvrage ayant été communiqué à Monseigneur de Prilly, évêque de Châlons-sur-Marne, le vénérable Prélat, après en avoir pris connaissance, le fit rendre à l'auteur avec ce gracieux billet :

Cette lecture m'a bien intéressé, vu surtout la manière dont les choses sont racontées; on se croirait transporté en Algérie. Le public fera, je le crois, un bon accueil à ces voyages. Je remercie M. Carron de m'en avoir donné communication.

✝ M.-J., évêque de Châlons-sur-Marne.

A Sa Grandeur Monseigneur de Prilly, évêque
de Châlons-sur-Marne :

Monseigneur,

A qui dédier ces VOYAGES, sinon à vous? Un
évêque en est le héros : Vous avez connu cet évêque;
vous avez visité les lieux dont je parle, en rame-
nant saint Augustin à sa chère Hippone; et,
lorsque j'ai quitté l'Afrique, vous m'avez accueilli
avec bonté et fait place dans le chapitre de votre
Cathédrale. Acceptez-en donc l'hommage. Ce sera
la bénédiction de mon livre qui deviendra ainsi
un tribut de vénération et de reconnaissance en-
vers deux illustres prélats.

Daignez agréer le respect profond avec lequel
je suis,

Monseigneur,

De Votre Grandeur

Le très humble
Et très obéissant serviteur,

CARRON.

Chanoine de Châlons-sur-Marne, ancien vicaire-général d'Alger.

INTRODUCTION.

C'est aux Carmes, à Paris, devant la chapelle des Martyrs, que j'ai vu pour la première fois Monseigneur Dupuch, 1er évêque d'Alger. Sacré depuis peu, il venait, dans ces lieux encore teints du sang de ces généreux athlètes, demander à Dieu le courage dont il avait besoin pour sa lointaine et difficile mission. Sa prière fut exaucée; car, sa rapide course à travers l'Algérie a été un laborieux apostolat, son éloignement d'un pays auquel il tenait par le fond de ses entrailles, un héroïque sacrifice, et sa mort, pieuse et résignée, la consommation de l'holocauste.

Saint Pontife, qui maintenant sans doute avez reçu du prince des pasteurs l'impérissable couronne de gloire, accueillez avec cette bonté dont j'ai eu tant de preuves, le tribut d'amour et de douleur que paye à votre mémoire celui que vous honoriez du doux nom de fils, et qui vous chérissait comme son père, et guidez ma plume, comme autrefois vous guidiez mes pas !

En 1842, appelé à Alger par un de mes frères, pour y bénir le mariage de sa fille, je franchis la Méditerrannée, et revis le saint prélat. J'eus l'honneur de m'asseoir à sa table et de prêcher dans sa cathédrale, gentille mosquée, vrai bijou d'architecture musulmane. Ceux qui l'ont vue la regretteront toujours, et la nouvelle cathédrale qui s'est élevée sur ses ruines est loin de pouvoir la faire oublier. Mgr Dupuch vivait au milieu des siens comme un père au milieu de ses enfants ; ou, si l'on veut, comme Augustin avec ses clercs à Hippone ; et il ne tint pas à lui que la règle du grand docteur ne devînt à la lettre celle de sa maison et de son église naissante.

Il allait partir pour Oran et m'invita à l'y accompagner. — Monseigneur, lui dis-je, lorsqu'il me fit cette offre gracieuse, je viens de Paris, j'y retourne dans quelques jours, et quoique j'aie ici une partie de ma famille, je n'y reviendrai probablement jamais. Or, si je repartais sans avoir vu Hippone, il me semblerait que je n'ai pas vu l'Afrique. — Je vous comprends, reprit-il avec chaleur, et je vous donnerai une mission pour Bône. J'acceptai avec reconnaissance et le bon prélat me chargea de faire mettre les ouvriers au monument de Saint-Augustin.

Je vis Bône où M. l'abbé Suchet, alors et encore aujourd'hui vicaire-général d'Alger, et M. l'abbé Banvoy, curé de la cité d'Augustin, et maintenant chanoine d'Alger, me firent un accueil tout fraternel. Nous errâmes ensemble sur les ruines d'Hippone; nous nous assîmes à l'ombre de ses oliviers; nous passâmes et repassâmes sur ce rivage où un enfant merveilleux donna à saint Augustin une si haute leçon.

Le saint rêvait au mystère de la sainte Trinité. Sous ses yeux un enfant allait et venait, apportant dans une coquille l'eau qu'il avait puisée à la mer, et la versant dans un trou qu'il avait creusé dans le sable. Saint Augustin, étonné de la persévérance de l'enfant dans ce travail, s'approcha et lui dit: Mon fils, que prétendez-vous en faisant ce que vous faites? Je prétends, répondit l'enfant, mettre toute l'eau de la mer dans ce trou. Oh ! reprit le saint, vous n'en viendrez pas à bout. — J'en viendrai à bout, repartit l'enfant, plutôt que vous ne viendrez à bout de comprendre le mystère sur lequel vous êtes venu méditer ici.

M. l'abbé Suchet ramassa sur ce rivage des coquilles que j'emportai comme des reliques. Il cueillit aussi sur les collines où fut autrefois Hippone des branches d'oliviers chargées d'olives vertes qu'à mon retour à Paris j'offris en son nom aux dames du Sacré-Cœur et dont les noyaux servirent à faire des chapelets.

Conformément aux ordres dont j'étais porteur, M. l'abbé Suchet fit mettre les ouvriers au monument de Saint-Augustin, qui se trouva prêt un mois plus tard, lorsqu'arrivèrent ses reliques, apportées triomphalement par Mgr Dupuch, en compagnie de sept de ses frères dans l'épiscopat, qui s'étaient joints à lui pour augmenter la pompe de cette solennité. De ce nombre était Monseigneur de Prilly, évêque de Châlons-sur-Marne, sous la houlette duquel j'ai le bonheur de vivre aujourd'hui.

Il m'eût été doux de prolonger mon séjour dans des lieux remplis de si grands souvenirs : au charme qu'ils avaient pour moi se joignaient les instances de M. l'abbé Suchet, et les approches de la fête de Saint-Augustin. Mais je n'avais qu'un mois et mon congé allait expirer. Je dis adieu aux saintes collines d'Hippone et revins à Alger. Mgr Dupuch n'était pas encore de retour d'Oran, et, sans perdre temps, je m'embarquai pour la France.

Les lettres du prélat ne tardèrent pas à me suivre à St-Germain-l'Auxerrois, église à laquelle j'étais alors attaché. Tantôt c'était un tableau qu'une âme charitable avait donné pour sa pauvre église et qu'il fallait acheminer vers l'Afrique ; tantôt une affaire à traiter au ministère, entr'autres celle des frères de la doctrine chrétienne qu'il était dès lors résolu de faire venir en Algérie. Un jour une de ces lettres m'apporta le titre de chanoine honoraire d'Alger, titre que le prélat, par une de ces délicatesses qui lui étaient familières, avait signé à Hippone, le jour anniversaire de son sacre. Dans ces lettres gracieuses qui coulaient si facilement de sa plume, je voyais, à ne pouvoir m'y méprendre, le dessein où était le saint évêque de me faire du bien. Tout à coup j'en reçus une dans laquelle je lus ces mots : « Le gouvernement vient de m'accorder une « troisième place de vicaire-général, de résidence « à Oran ; j'ai réfléchi devant Dieu, et il m'a semblé « que c'était vous qu'il appelait à la remplir. » Je baisai cette lettre, et dans une réponse où j'exprimais de mon mieux ma reconnaissance, je déclarai au prélat que j'étais tout entier à lui et à son œuvre. Bientôt après je quittai Paris, et traversai la France. Je saluai en passant le pays natal, et après avoir embrassé mes sœurs et pleuré sur deux tombes chéries, je me rendis à Marseille d'où la vapeur m'emporta vers le rivage africain. Je trouvai dans les préoccupations du zèle le saint évêque qui m'associait à son apostolat et commençai bientôt avec lui les voyages que je vais maintenant raconter.

PREMIER VOYAGE DANS LA PROVINCE D'ALGER.

La vie de Mgr Dupuch, premier évêque d'Alger, se passait, pour ainsi dire, à parcourir ce diocèse qui égale presque la France en étendue. Il voulut cette année (1844) visiter la province d'Alger et celle de Titteri qui forment aujourd'hui le département d'Alger. Après avoir examiné avec soin sur la carte les lieux par où nous devions passer, déterminé, autant qu'il se pouvait, le séjour que nous ferions dans chaque endroit, et par là-même l'époque du retour, il commanda qu'on se tînt prêt pour le 20 septembre.

Ce jour-là en effet, tout était en mouvement dans la cour du palais épiscopal, maison mauresque des plus belles et qui alors n'avait rien perdu de sa physionomie musulmane. M. l'abbé Montéra, aujourd'hui chanoine de Saint-Denis, et M. l'abbé Roudil, alors vicaire de la cathédrale, qui faisaient partie du voyage, s'y étaient rendus. Le fidèle Jean, vrai modèle du serviteur épiscopal, qui dans l'exil a partagé son pain avec son ancien maître, et à qui celui-ci n'a pas craint de dédier son

Essai sur l'Algérie, Jean, tout dévoué au prélat et en même temps plein d'attention pour ceux de sa suite, Jean qui ne faisait pas bruit, mais qui n'oubliait rien, était là. Il avait mis en ordre la chapelle épiscopale et enfermé dans nos cantines quelques provisions qui devaient nous suivre au désert.

A dix heures, une voiture, telle quelle, reçut les voyageurs et les bagages. Nous tournâmes et retournâmes longtemps dans les ennuyeux lacets qui mènent de la porte Bab-el-oued à la Casbah. Par delà nous saluâmes le fort l'Empereur, et à El-Biar, Mgr bénit en passant les religieuses du Bon-Pasteur, qu'il avait dès cette époque établies dans son diocèse. Nous vîmes à Delhi-Ibrahim, point le plus élevé du Sahel, la première église, construite en Algérie par les Français. Nous traversâmes ensuite Douéra et bientôt nous descendîmes les pentes douces qui aboutissent à la Mitidja.

Cette plaine, qui a vingt-cinq lieues de long sur une largeur variable de trois à quatre lieues, commence à Sidi-Ferruch, où débarqua l'armée française, et vient finir à l'Arrach. Elle sert de ceinture au Sahel, comme l'Atlas lui sert de ceinture à elle-même. Nous la traversâmes sous un soleil ardent, et arrivâmes le soir à Blidah.

Cette ville est admirablement située. Elle est assise au bord de la Mitidja et au pied de l'Atlas. Des eaux limpides et abondantes, qui viennent des gorges voisines, courent dans ses rues et y répandent la fraîcheur. Je l'avais vue deux ans auparavant (1842). Ce n'était alors, à proprement parler, qu'un amas de maisons mauresques, en ruines pour la plupart. Il n'y avait qu'une seule maison française dont les fondements sortaient à peine de terre. Quelle métamorphose s'était opérée dans un si court espace de temps! Une ville française avait pris la place de la ville arabe. Nous avancions à travers une rue large et bien alignée; à droite et à gauche s'élevaient de magnifiques maisons; une vaste place était entourée de superbes hôtels, construits à l'européenne.

Nous allâmes droit au presbytère qui ne se ressentait en rien de cette magnificence. Une mosquée servait d'église et ses étroites dépendances, de presbytère. Monseigneur et M. l'abbé Montéra trouvèrent seuls à s'y loger; M. l'abbé Roudil et moi, allâmes demander un lit dans un des hôtels nouvellement construits.

Le lendemain de bonne heure, je vins saluer le prélat. Je l'avais la veille, le long de la route, entretenu d'une affaire grave, relative à son diocèse. Je pensais qu'il aurait attendu d'être de retour de son voyage pour s'en occuper; mais je ne le connaissais pas encore. Le zélé pasteur avait pris sur son sommeil et écrit deux longues lettres, l'une au ministre de la guerre et l'autre au ministre des cultes. Dès que j'entrai, et presque sans me donner le temps de le saluer : — Tenez, me

dit-il, lisez. Lorsque j'eus fini la lecture, il ajouta :
— Qu'en pensez-vous ? — Je pense, monseigneur,
que la bataille est gagnée, et que le gouvernement
ne peut pas refuser les propositions de Votre Grandeur. Eh bien ! fermez-les et portez-les vous-même
à la poste, ce que je fis. Au retour du voyage, le
prélat trouva des réponses en tout conformes à ce
qu'il avait demandé.

Là finissait, avec la route, le luxe des voitures.
Le trajet d'Alger à Blidah et *vice versâ*, est le
seul que nous ayons fait ainsi ; tout le reste de nos
courses s'est fait à cheval. Le mien, par un mal-
entendu, manquait. J'en pris un de louage chez
un arabe ; le maître, en me le livrant, me donna
selon l'usage un jeune maure de quatorze à quinze
ans, pour prendre soin du cheval et le lui ramener.
Je dis l'âge de cet enfant parce que j'aurai à en
parler plus tard. L'autorité militaire de Blidah nous
ayant donné une escorte de zouaves (indigènes) pour
notre sûreté et en même temps pour nous servir
de guides, la petite caravane se mit en route.
M. le curé de Blidah, bon cavalier et montant un
cheval fringant, accompagna son évêque jusqu'à
la première halte et puis revint à ses ouailles.

Nous traversâmes la Chiffa, et côtoyant le petit
Atlas que nous avions à gauche, nous passâmes
devant le fameux col de Mouzaïa, deux fois forcé
par nos braves. Nous rencontrâmes plus loin un
site vraiment enchanteur. C'était une vaste plaine
arrosée par des eaux courantes qui sortaient avec

impétuosité de la montagne et entretenaient de tous côtés une puissante végétation. Cette plaine se terminait à des collines couvertes de bois touffus. C'est là que le gouvernement voulait d'abord établir les Trappistes. Il s'engageait à bâtir un fort sur la colline dont je viens de parler pour protéger le monastère. Selon toute apparence, ces religieux n'auraient pas éprouvé dans cet endroit les pertes cruelles qui les ont décimés à Staoueli. Mais l'éloignement où ils auraient été d'Alger, la difficulté de transporter là le bois et les autres matériaux de construction, et aussi le défaut de sécurité les en détournèrent et leur firent préférer l'emplacement qu'ils occupent.

Nous pénétrâmes dans ces bois petits de taille mais dont l'ombre et la fraîcheur tempéraient un peu les rayons du soleil, très ardent encore, quoique nous fussions à la fin de septembre, et laissant à notre droite la route qui conduit à Cherchel, nous entrâmes dans le lit de l'Oued-djer qui mène vers Miliana. Le chemin que nous suivions était très désagréable, parce que le torrent coupant à pic les montagnes tantôt d'un côté, tantôt de l'autre, il fallait sans cesse passer d'une rive à l'autre pour trouver des lieux praticables.

Nous campâmes le soir sur la rive droite dans un endroit où se trouvaient quelques grands arbres, mais clair-semés, et un peu dépouillés. Nos Zouaves s'emparèrent de nos chevaux pour en prendre soin, et ensuite dressèrent notre tente, ce qu'ils firent pendant tout le voyage. C'était la première fois que j'allais passer la nuit sous la tente. Les autres compagnons de voyage du prélat et le prélat lui-même étaient aguerris. Nous n'eûmes pas ce jour-là de cuisine à faire ; le bon curé de Blidah, qui nous avait donné l'hospitalité mieux que ne le permettait l'éxiguité de son presbytère, avait eu l'attention aussi de fournir nos cantines. On s'assit par terre, on mangea gaiement, quelques-uns tournèrent une fois ou deux autour du camp, sans s'écarter de peur de surprise, et revinrent à la tente. Pour Mgr Dupuch, il avait l'heureux privilège de passer du repas au sommeil sans autre intervalle que celui de la prière. Il s'enveloppait dans son manteau, mettait sa tête sur un sac de voyage ou plus volontiers sur la selle de son cheval, et là s'allongeant sur la terre nue, ou dans les jours de fête, je veux dire, lorsque nous rencontrions une tribu amie, sur un peu de paille, il dormait comme il l'aurait fait sur la plume. Les autres en faisaient autant. Si le prélat était le premier couché, il était aussi le premier levé. Debout à la première pointe du jour, il réveillait tout le monde, pressant chacun de se mettre sur pied d'abord et puis à cheval.

Le lendemain, à l'aube, nous partions. A peine avions-nous marché quelques heures, toujours le long du torrent, que nous entendîmes à mi-côte sur notre gauche des voix d'hommes et des pas de chevaux. Nous levons les yeux et nous distinguons l'uniforme français. Un cri part du milieu de la petite caravane : l'armée, l'armée qui revient du Maroc ! C'étaient en effet nos braves qui revenaient d'Isly. De leur côté, ils avaient aperçu l'évêque d'Alger au fond du ravin. En un clin d'œil, ils franchissent la pente qui nous séparait et se trouvent confondus avec nous. On descend de cheval, on s'embrasse ; c'étaient des frères qui se retrouvaient. Nous demandons des nouvelles de l'armée ; les officiers demandent des nouvelles de France. Nous apprenons à plusieurs leur promotion à un grade supérieur, car cette nouvelle n'avait pu les aller trouver au Maroc. Ils étaient en campagne depuis six mois, couchant la nuit sur la terre, et le jour en proie à une chaleur dévorante. Leur mâle visage avait été noirci par les ardeurs du soleil, et quelques-uns avaient leurs vêtements en lambeaux. J'ai vu là un échantillon de cette cordialité qui régnait entre l'armée et l'apôtre de l'Algérie ; je dis un échantillon, car dans le reste de ce voyage et dans tous les autres, Mgr Dupuch a été accueilli et fêté par l'armée, comme jamais évêque ne l'a été en France par les populations les plus religieuses et les plus enthousiastes. Ces témoignages d'affection et ces nouvelles échangées, on remonte à cheval et on se dit adieu. Nos braves reprennent le chemin d'Alger, et nous celui de Miliana.

Vers les dix heures nous faisions halte dans le

lit du torrent; l'eau coulait à nos pieds et nous étions assis sur les cailloux. Nous ouvrons nos cantines, bien disposés a faire brèche à nos provisions maigres. Après avoir tout disposé, nous allâmes trouver le prélat qui récitait l'office un peu à l'écart et nous le priâmes de venir déjeûner. Il nous rappela qu'il était jour de jeûne (c'était en effet les quatre-temps de septembre) et que l'heure de la réfection n'était pas encore arrivée. Nous lui représentâmes que le voyage était aux yeux de l'Église une cause légitime de dispense, et surtout un voyage aussi pénible que le nôtre. Il répondit que ses forces lui permettaient d'attendre et que par conséquent il n'y avait pas pour lui de cause de dispense. Nous n'insistâmes pas et il attendit. L'aiguille de nos montres ayant marqué l'heure canonique, le prélat vint s'asseoir sur une pierre et fit sa collation.

Cette sévérité dans l'observation du jeûne ecclésiastique n'empêchait pas qu'il ne fût grand amateur des ruines et des autres curiosités naturelles qui se rencontraient en si grand nombre dans son diocèse. Il n'en laissait passer aucune sans la visiter. Nous étions ici à peu de distance du poste Romain de *aquæ calidæ*, où se voyaient alors d'assez belles ruines et où sont des eaux chaudes, comme le dit le mot. Le prélat avait une grande envie de les voir. Il fallait pour cela nous détourner de notre route, prendre à droite et puis revenir sur nos pas. C'était un jour de plus pour le voyage. Calculant alors le temps qu'il nous fallait encore et rapprochant le terme de l'époque qu'il avait marquée pour son retour à Alger, il vit qu'il n'arriverait pas à temps et sacrifia le plaisir au devoir.

Nous quittâmes bientôt et sans trop de regret le lit de l'Oued-Djer et chevauchâmes assez longtemps par monts et par vaux. Vers les deux heures nous aperçûmes au bout d'un champ d'une certaine étendue une grande ferme en bois. Nous longeâmes le champ où se voyait encore le chaume et nous arrivâmes devant la ferme. C'étaient des ouailles et le pasteur voulut les visiter. Il descendit de cheval, entra dans cette maison nouvellement construite, adressa à ceux qui l'habitaient (c'étaient des Allemands) des questions qui toutes témoignaient de l'intérêt qu'il leur portait. Ces braves gens étaient ravis, et la bonté du prélat ouvrant leur cœur à la confiance, le colon qui s'était établi là sur la foi des Arabes et l'appui de nos braves de Miliana, lui présenta un enfant qui n'était pas le sien, mais qu'il avait recueilli, parce que ses parents étaient morts; il le recommanda à sa charité. Sur le champ le prélat l'adopta et promit de le faire élever. C'est ainsi qu'à l'exemple du divin maître, il passait faisant le bien.

Nous remontâmes à cheval et continuâmes notre route vers Miliana. Cependant le ciel jusque là si pur commençait à s'obscurcir; des nuages s'amon-

celaient du côté de l'ouest; des éclairs sillonnaient
leurs flancs et le roulement lointain du tonnerre
se faisait entendre à des intervalles très rapprochés.
L'orage avançait à grands pas ; nous voulions le
devancer ; mais il fut plus prompt que nous et nous
atteignit une heure environ avant notre entrée
dans la cité des Manlius (1). Nous l'essuyâmes dans
toute sa violence. Mgr Dupuch portait le vêtement
ordinaire des évêques ; nous, la soutane que nous
n'avons jamais quittée dans nos voyages ; seulement
par dessus nous jetions volontiers le burnous blanc
des Arabes qui, tout en nous chargeant un peu
plus, affaiblissait d'une manière sensible l'ardeur
des rayons solaires. Le chapeau à large ailes, s'allongeant en bateau, couvrait nos têtes. Or, les
deux becs de ce feutre étaient devenus deux véritables gargouilles, dont l'une versait sur le cou du
cheval une colonne d'eau intarissable, et l'autre
nous arrosait le dos sans interruption. Malgré ce
contre-temps Mgr Dupuch conservait sa gaîté et
même avait le mot pour rire. Au plus fort de l'o-
rage, un officier vint à nous croiser ; il était tout
près de nous, lorsque la mule du prélat s'abattit
sur ses pieds de devant : vous le voyez, lui dit le
prélat ; ma mule est respectueuse ; elle s'est mise
à genoux pour vous saluer. L'officier sourit et reprit son chemin.

(1) Miliana, d'abord Mulliana, tire son nom des *Mallius*,
ou Manlius qui l'avaient fondée.

Cependant nous arrivions à Miliana. Parvenus
au flanc du Zakar, sur lequel la ville est bâtie, nous
tournons le dos au mont et enfilons une rue large
et droite, ou plutôt un fragment de route nouvellement construite, à gauche et à droite de laquelle
s'élèvent d'espace en espace quelques maisons ; les
habitants sont sur leurs portes et nous regardent,
sans mot dire ; quelques uns pourtant vantent tout
haut l'impassibilité stoïque avec laquelle nous re-
cevons la pluie. Nous descendons jusqu'à la place
et nous arrêtons devant le palais. Rien ne bouge.
Nous demandons alors le presbytère, on nous l'in-
dique et nous voilà devant la porte. Nous grim-
pons par un escalier qui se trouve dans la cour, et
après avoir traversé deux pièces fort étroites, je
dirais volontiers un corridor, nous nous trouvons
dans une petite chambre, bien pauvre, bien nue ;
c'était pourtant la pièce d'honneur. On s'installe,
comme on peut ; on allume du feu ; on sèche ses
habits. Pour abréger, M. l'abbé Montéra, qui connaissait un boulanger à Miliana, lui envoya sa soutane. Le boulanger la met au four et la soutane
revient littéralement cuite ; le doigt ne pouvait
plus se poser dessus sans faire une brèche.

Cependant un aide-de-camp arrive et prie Monseigneur d'excuser le général qui n'était pas prévenu de son arrivée et qui l'engage lui et sa suite
à dîner et à prendre gîte au palais ; c'est à dessein
que j'emploie le mot palais. Il y avait en Algérie,

avant la conquête, dans plusieurs villes, de magnifiques maisons mauresques qui servaient de demeure aux beys ou aux officiers chargés de lever l'impôt. Nos généraux devenus maîtres du pays en avaient fait leur habitation. Le palais dont je parle était une de ces résidences.

Nous faisons toilette, comme nous pouvons, et nous voilà chez le général Reveu, fêtés, choyés par lui et par tous les officiers qui l'entourent. Le dîner se prépare, on passe dans la salle à manger, et nous sommes traités, comme on aurait pu l'être chez Véfour, à Paris. C'étaient chez les généraux des festins à deux, trois services, où le champagne ne manquait jamais. Le contraste rendait ces réceptions très piquantes. Souvent la veille nous avions couché sous la tente ; le vin avait manqué fréquemment, quelquefois le pain, et alors M. l'abbé Montéra avait fait un pilau, gâteau de riz que nos soldats venus de Crimée, connaissent bien aujourd'hui. Le lendemain nous arrivions chez un général, à Médéah, à Constantine, à Sétif, etc., et tout se passait comme aujourd'hui à Miliana.

Le jour suivant à neuf heures, Mgr Dupuch dit la messe dans une mosquée qui, à Miliana, comme en beaucoup d'autres endroits, servait d'église. M. l'abbé Montéra et moi assistions le prélat. Le général, l'état-major, le corps des médecins et une partie de la troupe étaient présents. L'apôtre de l'Algérie adressa à l'assemblée une de ces allocutions pleines de feu auxquelles je finis par m'accoutumer, mais qui dans le commencement me frappaient singulièrement. Il ne manquait jamais, à travers l'instruction chrétienne qu'il distribuait à tous, de placer avec un admirable à-propos l'éloge de l'armée. Souvent une victoire remportée par le général, un fait d'armes qui avait illustré le corps, un mort glorieux qu'ils avaient laissé sur le champ de bataille venait s'y encadrer et émouvoir le cœur de ces guerriers. L'armée du reste méritait bien ces éloges par son courage, par sa patience à supporter des privations qu'on ne soupçonne pas en France, et par les attentions de toutes sortes dont elle a entouré le premier évêque d'Alger.

Dans l'après-midi, nous allâmes visiter Miliana, en commençant par l'hôpital qui dans les courses du bon pasteur passait toujours le premier. Le général, l'état-major, les médecins lui faisaient cortége. Le prélat suivait un rang de lits dans la salle, nous, un autre. Il adressait aux plus souffrants des paroles d'encouragement et de résignation; aux moins malades qui souvent étaient assez gais, il demandait leur pays, leur temps de service, en un mot leur adressait quelque question propre à les intéresser ! Nous en faisions autant de notre côté, et nous étions tout surpris, venus que nous étions de tous les points de la France, de rencontrer presque partout des compatriotes et quelquefois des amis. Si quelque militaire plus malade, ou poussé par une pensée pieuse avait témoigné le désir de causer d'une manière plus intime avec l'un de nous, celui qui avait été demandé venait le voir en particulier et versait dans son âme les consolations de la religion. Nous vîmes ensuite la caserne dont la construction commençait; les fondements étaient à peine jetés; après quoi Mgr Dupuch prit congé de ses hôtes et nous allâmes à sa suite et accompagnés de M. le curé, errer seuls autour de Miliana.

Cette ville est située à mi-côte sur le flanc du Zakar : au-dessus le sommet du mont s'élève presque à pic et la domine; au-dessous la pente est rapide et se termine à la plaine du Chélif. Dans la partie supérieure entre la ville et le sommet du Zakar, quatre-vingt sources, trésor sans prix sous ce ciel de feu, jaillissent des veines du rocher. Elles forment en se réunissant deux ruisseaux limpides, qui roulent d'abord en cascade et sont reçues ensuite dans les jardins qui se trouvent entre la ville et la plaine. L'olivier, la vigne, le figuier y croissent à merveille. Ces jardins étaient cultivés par des Mahonnais, très habiles à profiter des eaux et à les distribuer avec intelligence. Ils rappellent en ce genre les merveilles qu'on raconte du Milanais et du royaume de Naples.

Le lendemain au départ, nouvelle fête. Le général, son état-major, le corps médical, les colons les plus recommandables, montent à cheval et viennent accompagner le prélat jusqu'aux pieds du Zakar. Là se font les adieux : le brillant cortége remonte vers Miliana, et nous nous enfonçons dans la plaine du Chélif.

Vue des hauteurs de Miliana, cette plaine paraissait étroite, et il nous semblait que nous allions la franchir en un clin-d'œil. Il n'en fut rien pourtant. Nous mîmes le reste du jour à la traverser. La chaleur était excessive et le Chélif complètement à sec. La pluie torrentielle dont j'ai parlé n'avait été qu'une goutte d'eau jetée dans une fournaise. On nous a pourtant assuré que vers Orléansville, c'est-à-dire, dans la partie supérieure de son cours, le Chélif ne tarit jamais. Il faut alors qu'il se perde dans le sable ou à travers les cailloux ; car j'affirme de nouveau que dans l'endroit où nous l'avons passé, il n'y avait pas une goutte d'eau.

Vers le soir nous sortîmes de cette plaine brûlante et nous commençâmes à gravir les collines qui font face à Miliana. Après avoir marché quelque temps sur ce nouveau terrain où nous respirions plus à l'aise, nous arrivâmes à l'entrée des véritables montagnes. Tout à coup deux rochers qui formaient comme les deux parties d'une porte colossale se dressèrent devant nous. Le lit d'un torrent était entre les deux et dans le torrent il y avait un peu d'eau. Nous franchissons ces colonnes d'Hercule et nous apercevons sur notre droite une cabane en bois. Un colon était venu s'établir là.

Nous étions trop nombreux pour lui demander
asile. Nous avançâmes encore un peu, et, le lieu
nous paraissant favorable, la petite caravane s'arrêta pour passer-là la nuit.

Pendant que nos bons zouaves étaient occupés,
les uns à soigner nos chevaux, les autres à dresser
nôtre tente, nous nous mîmes à l'œuvre pour
préparer le souper. J'étais peu habile dans cet
art, pourtant si nécessaire, quand on voyage en
Afrique. Je me mis donc humblement à la disposition de mes deux compagnons de voyage, maîtres passés en l'état. Ils me donnèrent des pommes
de terre à éplucher, et j'en fus ravi parce que cette
besogne ne dépassait pas la portée de mon intelligence. Eux de leur côté ne restaient pas oisifs :
l'un fit un trou dans la terre, chercha deux pierres,
les mit en face l'une de l'autre, et, avec de l'herbe
sèche et quelques débris de bois alluma du feu.
L'autre coupa du pain pour la soupe et mit frire
des oignons dans la poêle ; car, pour le dire en
passant, la soupe à l'oignon était notre grande
ressource dans ces voyages. Le prélat, qui s'était
un peu écarté pour prier, revint, et s'approchant
de moi : Moi aussi, dit-il, je veux gagner mon souper, et s'asseyant sur l'herbe, il se mit à éplucher
des pommes de terre.

La nuit nous eûmes la visite d'un hôte peu
aimable. L'hiène vint rôder autour du camp en
poussant des cris sauvages. Un zouave faisait la

garde selon l'usage. Il nous raconta le lendemain qu'elle avait fait plusieurs fois le tour de nos tentes, qu'il aurait pu la tirer presqu'à bout portant et à la faveur d'un beau clair de lune. Nous lui demandâmes alors pourquoi il ne l'avait pas fait. — Pour ne pas réveiller marabout Kebir, (l'évêque) dit-il, et ne pas jeter l'alarme dans le camp.

Le lendemain nous cheminions avec un beau soleil par les pentes douces qui mènent à Teniet-el-hâd ; car depuis le Chélif jusqu'à ce poste situé sur des montagnes très élevées et qui dominent le petit désert, il faut toujours monter. Tout à coup nous apercevons à une assez grande distance devant nous deux voituriers et autour d'une de leurs voitures des gens qui allaient et venaient. La voiture était arrêtée. Il est arrivé là quelqu'accident, dit le prélat ; et il pria M. l'abbé Roudil de presser son cheval et de nous devancer, afin de donner les secours de son ministère, s'il y avait lieu. L'abbé partit au galop et nous le suivîmes de près. A notre arrivée, un affreux spectacle vint frapper nos regards. Un homme ensanglanté était étendu sur une des voitures, et le sang lui couvrait tellement le visage qu'on ne distinguait aucune figure humaine. Il n'avait point de parole ; seulement en s'appro chant on l'entendait péniblement respirer. Nous demandâmes ce que c'était. Un des voituriers nous dit : Je passais là avec mon camarade que voilà ; nous avons entendu des soupirs et en prêtant l'o-

reille il nous a semblé qu'ils sortaient de la broussaille. Nous nous sommes approchés, avons battu
les buissons et trouvé cet homme. Nous l'avons
chargé sur la voiture et nous le menons à Teniet-
el-hâd pour le faire panser. Bien, mes enfants, dit
le prélat attendri, ainsi que nous, de ce que nous
voyions et de la charité de ces bons samaritains.
Nous allons vous précéder à Teniet-el-hâd et demander du secours. En effet nous reprîmes notre
route et à midi nous entrions dans le camp ; car
Teniet-el-hâd n'était alors qu'un camp. Nous nous
hâtâmes de donner connaissance de ce qui s'était
passé. Le camp était déjà informé, du moins en
partie. La veille deux soldats étaient restés en
arrière de leur compagnie, l'un des deux avait été
tué, on en avait la certitude ; mais on ne savait
pas ce que l'autre était devenu. C'était celui qu'apportaient nos voituriers. Les médecins s'informent
du lieu où nous avons laissé les voitures, prennent
ce qui est nécessaire en pareil cas, et vont au
devant du blessé. Ils le rencontrèrent à quelque
distance du camp, mirent le premier appareil sur
ses blessures et le firent passer de la voiture sur
le cacolet. (1) Arrivé au camp, on le mit sur un

(1) Le cacolet est une selle à deux sièges, avec appui
pour les pieds ; on met un soldat malade de chaque côté
et ils se font équilibré ; s'il n'y en a qu'un, on met de
l'autre côté un poids quelconque pour tenir lieu d'un homme
malade. Cette façon d'aller est très douce pour les blessés.

bon lit, on lui donna tous les soins que réclamait son état. Au bout de quelques heures, le militaire recouvra ses sens et la parole. On lui demanda alors ce qui était arrivé. Nous étions restés en arrière, dit-il, avec un tel, et il nomma son malheureux camarade qui avait été tué. Ayant rencontré sur la route des Arabes montés sur leurs ânes, nous les avons fait descendre et mis dessus nos bagages. Jusques là les Arabes n'ont rien dit; mais ensuite nous avons voulu monter nous-mêmes dessus. Les Arabes s'y sont opposés; une rixe s'en est suivie; j'ai reçu des coups de bâton sur la tête, et je ne sais pas ce qui s'est passé ensuite. Je n'oublierai jamais l'impression de bonheur que firent sur moi le zèle des médecins et les soins prodigués à ce pauvre soldat : encore aujourd'hui en traçant ces lignes, je me sens ému et je pleurerais volontiers. Du reste, je vais parler tout à l'heure de chefs logés presqu'à la belle étoile, tandis que nos malades reposaient sous le cèdre.

Le camp de Teniet-el-hâd est un carré en pente à la naissance de la forêt des cèdres. En y entrant, nous vîmes sur notre droite de misérables baraques, c'était le logement des soldats; à la gauche des chaumières à la vérité récrépies à la chaux, mais presque aussi misérables : c'était le logement du colonel Laforêt et des officiers, en attendant qu'ils prissent possession du pavillon qui s'élevait à côté. Il n'y avait d'achevé que l'hôpital dont le toit, le parquet, les portes, les fenêtres, en un mot toute la boiserie était en cèdre. Ainsi, comme je le disais tout à l'heure, colonel, officiers et soldats étaient logés, pour ainsi dire, à la belle étoile, et nos malades reposaient sous le cèdre, comme autrefois l'Éternel dans le temple de Salomon.

Le colonel Laforêt nous donna l'hospitalité. J'ai encore présente à la mémoire cette façon de salle étroite dont la terre nue et inégale était le parquet. Nos sièges pouvaient à peine tenir autour de cette table elle-même peu solide, et quels sièges! Les chaises étaient inconnues dans ce lieu comme dans beaucoup d'autres que nous avons visités: c'étaient des escabeaux ou trépieds en bois et tout fraîchement fabriqués par les soldats. Nous dînâmes gaiement, car le dîner de nos hôtes était bon et le visage encore meilleur. Après le dîner nous passâmes dans la pièce voisine plus étroite encore; c'était la chambre à coucher. On s'assit comme on put et le colonel n'ayant pas de siège se mit sur son lit. Tandis que nous causions, un orage éclate, pareil à celui de Miliana; c'était décidément la saison des pluies qui se déclarait. L'eau tombait sur le colonel, sur son lit et sur quelques uns d'entre nous; la conversation n'en fut que plus gaie.

Le soir venu, on nous conduisit, pour coucher, à l'une des extrémités du camp. Nous passâmes devant le pavillon des officiers; un *qui vive!* fortement accentué nous arrête. Les militaires qui nous accompagnaient répondent : *France!* et nous passons. Arrivés dans ce logis, on nous installe les uns dans un coin, les autres dans un autre ; nous eûmes la faveur, bien grande en pareil lieu, d'un matelas.

Le lendemain on dressa un autel en plein air, devant une des façades de l'hôpital, afin que les malades pussent de la fenêtre assister à la messe. Partout les militaires se montraient très empressés et très ingénieux à nous faire avec des planches ces autels improvisés. Dès notre arrivée, ils nous adressaient cette question : l'évêque fera-t-il la messe? et l'évêque, s'il l'entendait, se prêtant à ce langage, répondait : oui, oui, mes amis, je suis venu pour *faire* la messe. C'était le langage non seulement des simples soldats, mais des officiers et quelquefois des officiers supérieurs. Au fond ces braves, plus habiles à manier le sabre que la langue liturgique, parlaient sans le savoir le véritable langage de l'Église ; elle dit en effet *sacrum facere*, faire le sacrifice et elle exprime la partie essentielle de la messe, la messe proprement dite par ce mot *l'action.*

L'autel étant construit, la troupe se range à l'entour, et les malades aux fenêtres, le prélat dit la messe. Il adressa à l'armée et à quelques colons qui se trouvaient là une allocution plus animée encore que de coutume. La distance où il était des malades l'obligeait à élever la voix, et les circonstances au milieu desquelles il célébrait les saints mystères, ajoutaient à son émotion : il était aux limites du monde civilisé et en face du désert. Officiers et soldats l'écoutèrent dans un profond silence et avec un respect visible. Les malades surtout étaient heureux de ce qu'ils avaient vu et de ce qu'ils avaient pu entendre. Quand nous allâmes les visiter, ils se pressèrent autour de l'évêque et le remercièrent avec effusion. Souffrants et si éloignés de la France, ils avaient retrouvé la patrie et la messe du village.

En sortant de l'hôpital, les officiers nous proposèrent d'aller voir la forêt des cèdres. On amena les chevaux ; nous montâmes et traversâmes le camp. L'équitation tient, comme on sait, peu de place dans l'éducation cléricale, et partant nous étions peu habiles à enjamber un cheval et à nous tenir en selle. Les soldats en nous voyant faire souriaient ; mais ce sourire était bienveillant et pouvait se traduire ainsi : monter à cheval, ce n'est pas leur affaire, mais la nôtre ; la leur, c'est de *faire* la messe.

Nous sortîmes par le haut du camp et tournâmes à droite pour prendre la route qui mène dans la forêt. Cette route avait été construite par l'armée qui abattait les arbres, au fur et à mesure qu'elle avançait. On ne pouvait pénétrer autrement et il fallait s'arrêter où la route elle-même finissait. La plupart d'entre nous voyaient des cèdres pour la première fois. Cet arbre est magnifique : il surpasse en hauteur nos plus grands chênes ; mais ses branches, au lieu de monter droit vers le ciel, s'étendent horizontalement ; sa large feuille, composée de filaments rapprochés les uns des autres, prend la même direction ; on dirait un immense parasol que Dieu a préparé contre les ardeurs du soleil. La forêt, nous dit-on, a cinq ou six lieues de long sur deux ou trois de large. Nous étions dans le ravissement, et nous fîmes à peine attention à une source minérale que les officiers nous montrèrent. Quelques uns cependant descendirent ; on puisa de l'eau et nous en bûmes ; elle est légèrement ferrugineuse. Parmi les cèdres nous remarquâmes un chêne blanc, aussi grand, mais mieux fourni de bois et de feuillage, que les plus beaux chênes de nos forêts de France. Nous vîmes aussi un genevrier qui n'était pas comme dans nos pays un arbuste rabougri ; le tronc était parfaitement régulier et l'arbre égalait en hauteur nos plus grands amandiers.

Après avoir marché quelque temps sous la voûte majestueuse que formaient ces beaux arbres, nous nous arrêtâmes et descendîmes de cheval pour les contempler à notre aise. Le prélat désira connaître la circonférence exacte d'un de ces géants du règne végétal. La ficelle manquant, j'eus recours à une mesure qui ne m'abandonne jamais, et m'approchant du premier gros cèdre qui se trouva à ma portée je posai sur le tronc à hauteur d'homme mes deux bras étendus, en marquant bien le point de départ, et j'appliquai six fois cette mesure pour en faire le tour. Le cèdre avait dix mètres huit centimètres de circonférence. Les quelques cèdres qu'on va voir en terre sainte me vinrent alors à la pensée, et je me dis : ce n'est plus au Liban qu'il faut aller pour voir des cèdres ; il faut venir à Teniet-el-hâd.

Des milliers de petits cèdres croissent sous les grands et forment une véritable prairie dont la vue nous fît mieux comprendre ces paroles des livres saints : *Sicut cedrus multiplicabitur* (1). Le prélat désira en avoir quelques uns pour les transporter à Alger. On coupa alors quelques mottes de ce gazon que nous emportâmes avec nous. Nous voulûmes aussi avoir des branches des grands cèdres, ornés de leur feuillage et chargés de leurs graines. Nous les fîmes couper, et nos zouaves, qui ne comprenaient rien à notre curiosité, furent chargés de les porter.

En revenant nous admirions ces énormes cadavres de cèdres gisant à droite et à gauche de la route. Quelques uns étaient équarris et présentaient à l'œil de petites fissures, assez semblables à ces fentes que la chaleur du soleil produit sur certaines terres en Afrique. Ces arbres, suivant la

(1) Il se multiplira comme le cèdre.

remarque que nous en firent les officiers, étaient impropres à la construction, pour avoir été coupés hors de saison. Lorsqu'ils sont destinés à entrer dans une charpente, on a bien soin de ne les abattre qu'en temps opportun. Cette forêt est une véritable richesse pour notre colonie; elle peut lui fournir en abondance le bois de construction. Déjà des scieries étaient en mouvement dans l'endroit où nous nous arrêtâmes. De Teniet-el-hàd les poutres et les planches peuvent être facilement transportées à Miliana par une belle route qui n'existait pas alors et qu'on a créée depuis; par une autre, due aussi à l'activité de nos soldats et qui rend inutiles les détestables chemins que nous avons suivis dans l'Oued-djer, tous ces bois arriveront à Cherchell, et voyageront ensuite par mer tout le long du littoral.

Un autre spectacle nous attendait à notre retour dans le camp. Une hiène avait été tuée par nos soldats qui nous la montrèrent avec fierté. Elle avait reçu plusieurs balles qui l'avaient percée d'outre en outre, et malgré ses blessures elle menaçait encore de se jeter sur nos braves qui l'avaient achevée à coups de yatagan. La vue de ce terrible animal reporta naturellement nos pensées à la visite que nous avions reçue d'elle ou d'une de ses compagnes, la dernière fois que nous avions couché sous la tente.

L'œuvre du prélat missionnaire à Teniet-el-hàd

était accomplie, et il fallut songer au départ. En nous faisant ses adieux à Miliana, le général Reveu avait dit à l'évêque d'Alger : Monseigneur, s'il vous plaît de revenir ici pour aller ensuite à Médéah, ce sera pour nous honneur et plaisir ; mais si Votre Grandeur désire voir Boghar, elle peut de Teniet-el-hâd se rendre à ce dernier poste et de Boghar se diriger vers Médéah. M. Laforêt confirma cet itinéraire, et le prélat l'ayant adopté, le colonel nous donna des guides qui connaissaient le pays mieux encore que nos zouaves et qui se joignirent à eux pour nous conduire. Nous verrons tout à l'heure comment ils usèrent de leurs connaissances ; mais il faut se rappeler ici que les guides en Afrique sont les maîtres de la caravane. Habitués à vivre sous la tente, il leur est égal d'arriver vite ou de rester longtemps en route ; leur vie n'est, à proprement parler, qu'un voyage. Aussi pour passer par le territoire d'une tribu amie ou pour tout autre motif, ils ne font pas difficulté d'allonger la route de douze et de quinze lieues. Nous en aurons des exemples dans le cours de ces voyages, mais reprenons notre récit.

Les adieux faits, nous montâmes à cheval et partîmes. Nous eûmes d'abord assez beau temps, mais bientôt le ciel se couvrit et l'orage ne tarda pas à éclater. Le vent soufflait avec violence et la pluie tombait par torrents. Au plus fort de la tempête, nos chevaux guidés par l'instinct s'arrêtaient, tournaient le dos à la rafale et la laissaient passer ; puis d'eux-mêmes se remettaient en marche et reprenaient leur route. Le cavalier laissait faire.

Nous marchâmes ainsi une partie de la journée, ayant à traverser tantôt des terres inondées, tantôt des torrents, tantôt des rochers lisses et glissants. Par surcroît de malheur, nos guides que nous connaissons maintenant, au lieu de nous mener droit à Boghar, nous conduisirent à Taza, Taza de douloureuse mémoire. C'est là qu'Abd-el-kader garda longtemps nos prisonniers parmi lesquels se trouvait le sous-intendant Massot, qui dut, comme tant d'autres, sa liberté au premier évêque d'Alger. J'en ai vu quelques-uns pleurer en me racontant leur captivité et leur délivrance. Quant au modeste prélat, il n'ouvrit pas la bouche pour rappeler cet évènement, l'un des plus glorieux de son épiscopat. Taza était en ruines; çà et là se voyaient seulement des débris de murs et sur ces débris quelques noms français. Les tombes de nos malheureux frères étaient-là. Nous priâmes pour les morts et ces pensées nous réconcilièrent avec nos guides. Le prélat en envoya un à la découverte ; il devait chercher une tribu qui voulût nous donner l'hospitalité et venir ensuite nous l'annoncer.

Nous reprîmes notre route et vers le soir nous eûmes à côtoyer pendant longtemps une montagne coupée par des ravins où l'eau s'engouffrait des deux côtés et d'où elle bondissait ensuite avec fracas le long de ces pentes. Arrivée devant un de ces ravins, la mule du prélat, effrayée du bruit des eaux, se mit à reculer, sans qu'il fût possible au cavalier de la retenir; et en reculant elle allait juste vers un précipice affreux, où les eaux venaient s'abymer. Nos arabes étaient dispersés, les uns en avant, les autres en arrière. Je criai à M. l'abbé Roudil qui avait franchi le torrent pour l'avertir du danger que courait le prélat. Aussitôt il met pied à terre, attache son mulet à une broussaille, et, sans quitter sa chaussure, traverse le torrent. Arrivé près de la mule qui n'était qu'à deux pas de l'abyme, il la saisit par la bride et, marchant dans l'eau, la conduit jusqu'à l'autre bord. Il retourne ensuite à la broussaille et remonte sur son mulet. Je le bénissais dans mon cœur et je me disais en moi-même: Sans lui c'en était peut-être fait du premier évêque d'Alger. Quant au prélat qui était plein d'intrépidité, le danger ne l'émût point, et plus tard, il s'amusait de ce qui lui était arrivé en cette rencontre.

Cependant la nuit approchait et l'arabe envoyé à la découverte ne paraissait pas. Que faire? et qu'allions-nous devenir, lorsque les ténèbres seraient venues? Notre arabe, disions-nous, a trouvé une tribu à sa convenance, et il oublie la pauvre caravane. Ce jugement n'était point téméraire, car il s'appuyait sur de fréquents exemples; mais heureusement il se trouva faux. Nous arrivions au bout de cette longue montagne, lorsque tout à coup nous le voyons reparaître. Il s'avançait vers nous, en criant : tribu ! tribu ! En effet dès que nous eûmes tourné la montagne, nous aperçumes des tentes au fond d'un vallon. Là-bas, là-bas ! disait l'arabe, et nous nous dirigeâmes vers la tribu. Mais le terrain était tellement détrempé par la pluie que nos chevaux enfonçaient jusqu'à mi-jambe, et nous crûmes un moment qu'il nous serait impossible d'arriver. Enfin en laissant ces pauvres bêtes se dépêtrer lentement, nous parvînmes jusqu'aux tentes. Le cheik vient au devant de nous à cheval ; il s'approche de l'évêque que nous lui montrions de la main, lui fait force sala-malecs (1) et lui montre une tente qui nous était destinée. Nous nous séparons de nos montures, comme nous pouvons, toujours en butte à la pluie, et nous baissant presque jusqu'à terre, nous nous glissons sous la tente. Jamais Louis XIV ou Napoléon, entrant triomphants aux Tuileries, n'ont éprouvé un bonheur pareil au nôtre en nous trouvant sous cet abri.

La tente était divisée en deux parts, l'une pour la famille et l'autre beaucoup plus grande pour nous.

_____

(1) Salamalec est proprement le salut arabe : Selam aleik signifie paix à toi. Le mot a passé presque sans altération dans notre langue.

Nous n'étions séparés de nos hôtes que par une espèce de cloison faite avec des branches d'arbres, sur lesquelles on avait jeté des burnous et d'autres vêtements; mais la clôture n'était pas tellement exacte que l'œil des curieux ne pût plonger dans le ménage arabe. La partie que nous occupions était recouverte de tapis passables. Dès que nous fûmes entrés, les Arabes de la tribu firent un trou dans la terre devant la tente, et malgré la pluie, allumèrent un grand feu, qui nous fut d'un grand secours. Nous quittâmes en partie nos vêtements saturés d'eau et les faisions sécher devant le fen. Ces bons arabes nous aidaient dans ce travail ; ils se passaient nos chapeaux, surtout celui du prélat qu'ils regardaient d'un œil curieux et maniaient avec respect. Mgr Dupuch ordonna que notre tente qui devenait inutile fut dressée pour les guides et les zouaves de l'escorte; mais on ne put en venir à bout, tant le terrain était mou ; guides et zouaves furent alors répartis dans les diverses tentes de la tribu.

Mgr Dupuch demanda en même temps les cantines et en fit tirer un pain de sucre auquel nous n'avions pas touché. On commence à rompre et le prélat distribue les morceaux aux enfants de notre tente qui sortirent par leur porte et vinrent les recevoir devant la nôtre. Les Arabes qui épiaient ce qui se passait, vont chercher les enfants de la tribu ; qui en amène un, qui deux, qui trois;

les plus jeunes étaient sur les bras de leurs pères. Ils passaient devant la tente, recevaient un morceau de sucre et s'en allaient ; mais quelques-uns, nous a-t-on dit, firent le tour et passèrent deux fois. Le pain de sucre partit tout entier.

Le prélat avait demandé la cantine, parce qu'étant maintenant à l'abri et un peu séchés, nous avions faim. Mais nos provisions devinrent inutiles : ces bons Arabes nous apportèrent le couscoussou, qui est leur mets national, et des poules délicieuses cuites à la vapeur sur le couscoussou même.

Pendant le repas, un spectacle attristant vint frapper nos regards. La pluie continuait ; le maître de la tente et ses fils, grands jeunes gens de dix-huit et vingt ans étaient couchés dans le compartiment voisin du nôtre, et pendant ce temps une femme jeune et délicate sortit nu-pieds et une pioche à la main. Elle fit le tour de la tente, nettoya la rigole qui existait tout autour pour conduire l'eau à droite et à gauche, et l'empêcher de nous inonder. Son travail achevé sous une pluie battante, elle rentra. Le prélat attendri fit cette réflexion : Qui sait si cette femme n'est pas une chrétienne, ravie dans son enfance à l'amour de sa famille et maintenant esclave sous cette tente.

La femme arabe en effet n'est qu'une esclave : elle est obligée de moudre avec un moulin à bras tout le blé nécessaire à la famille, c'est elle qui va chercher l'eau souvent à une grande distance, tandis que les hommes fument ou sont nonchalamment couchés. Telles sont les mœurs que la loi de Mahomet a créées. Femmes chrétiennes, vous ne pourrez jamais bénir assez le ciel de vous avoir fait naître sous la loi de Jésus-Christ! Si vous êtes la compagne de l'homme, si les titres doux ou augustes d'épouse, de mère, de sœurs vous entourent de respects et d'égards, c'est à cette loi que vous le devez. Aimez-la donc et apprenez à vos époux, à vos fils et à vos frères à l'aimer aussi.

Nous nous arrangeâmes de notre mieux pour passer la nuit et chacun dormit à merveille. Le lendemain, nouvelle surprise. En nous réveillant nous vîmes auprès de nous, qui une chèvre, qui un mouton, qui une poule. Ces hôtes du logis n'avaient cure de la dignité épiscopale, et pendant notre sommeil ils étaient venus prendre leur repos dans le gîte accoutumé.

Le temps était redevenu beau, et en Afrique, quand la pluie cesse, le soleil resplendit d'un nouvel éclat. Nos hôtes s'empressaient autour de nous, et je ne puis passer sous silence l'Arabe qui portant sur son bras un chevreau, né la nuit même, nous le montrait et le caressait comme il aurait caressé un enfant. Ces Arabes, hospitaliers comme Abraham dont ils conservent le costume et les mœurs, vinrent nous accompagner assez loin et ne nous quittèrent qu'après nous avoir mis sur la route de Boghar, j'entends, dans la direction de Boghar, car depuis Blidah nous n'avions pas vu trace de route. Nous nous séparâmes d'eux avec autant de regret que si nous avions vécu plusieurs années ensemble. Ils nous firent le salut d'usage, et retournèrent à leur douhar. (1)

A la première halte, le jeune maure dont j'a promis de parler nous donna un exemple frappant de la fidélité de ce peuple à observer la loi du prophète. Cet enfant avait beaucoup de peine, car le cheval que m'avait donné son maître était une vraie haridelle; il suivait à pied et se lassait à le frapper pour le faire avancer. Quand nous fûmes assis pour déjeûner, nous lui présentâmes, comme à l'ordinaire, sa part. Non, dit-il, je ne mangerai pas. — Et pourquoi? — C'est ramadan. Le ramadan est le carême des Musulmans. Nous insistâmes. — Il y a loin d'ici à Boghar, et nous qui sommes à cheval, nous ne pourrions pas aller jusques-là sans manger; comment toi qui es à pied et qui te fatigues à faire marcher le cheval, le pourrais-tu? Nos instances furent inutiles. Il refusa obstinément de manger et repartit à jeun. Pour en finir avec lui, le lendemain nous revin mes à la charge, même résistance d'abord; à

(1) La tribu renferme plusieurs douhars; le douhar, plusieurs tentes; la tente une seule famille. Le douhar est donc une fraction de la tribu et la réunion d'un certain nombre de tentes.

la fin la nature succombant, il se laissa vaincre et accepta la nourriture que nous lui offrions; mais il eut bien soin de nous dire qu'en voyage la loi l'autorisait à suspendre le jeûne, à la condition de le reprendre en arrivant, et il ajouta que de retour à Blidah, il ferait autant de jours de jeûne qu'il en aurait omis en route. Quelque arabe plus âgé lui avait donné cette explication, et nous en fûmes ravis ; car nous souffrions de voir ce pauvre enfant se traîner après nous pendant une longue journée sans avoir rien pris. Les Arabes ne rompent le jeûne qu'après le soleil couché.

Maintenant reprenons notre route. Nous eûmes ce jour-là à traverser le territoire d'une tribu insoumise. Avant d'y pénétrer le chef de nos zouaves avec ce sérieux naturel aux musulmans, nous fit arrêter. — Cette tribu, dit-il, toujours ennemie des Français ; la marche en ordre de bataille.—Il divisa donc sa troupe, en mit une partie devant, l'autre derrière et nous assigna le centre. Dociles au commandement du chef, nous cheminâmes dans cet ordre tant que nous fûmes sur le territoire de la tribu. Arrivés à la limite, sans qu'aucune démarche hostile fût venue nous troubler, le chef vint à nous et dit: maintenant tribu amie des Français, et nous rompîmes les rangs.

Nous marchâmes presque tout le jour le long d'une montagne aux flancs hauts et abruptes; sur le soir la partie vers laquelle nous allions

parut s'élever et en faisant un détour nous aperçumes des rochers, un mur et une espèce de fort
auquel ce mur semblait servir d'enceinte. C'était
Boghar. Ce poste est moins important que celui de
Teniet-el-hâd; mais réunis dans la même main
ils sont la clé du désert. En les occupant, Abd-el-
kader avait fait preuve d'habileté. Les tribus sahérien-
nes étaient obligées, pour venir chercher leur blé
dans le Tell, de passer par ces gorges, et elles su-
bissaient forcément le pouvoir de l'émir, comme
elles subissent aujourd'hui le nôtre.

A Teniet-el-hâd nous avons vu un colonel, il
n'y avait ici que deux capitaines. Ils étaient jeunes tous les deux, et ils reçurent Mgr Dupuch
comme des enfants reçoivent un père. Le capitaine en premier surtout joignait au meilleur ton
et aux plus belles manières une instruction variée.
A l'occasion de quelque plante particulière au
pays, nous causâmes botanique, et j'étais ravi
de voir arriver dans la conversation, sans effort et
sans prétention les mots propres de la science. Une
modestie qui gagnait le cœur, sans qu'on pût
s'en défendre, surpassait encore ses autres qualités. Puissent ces lignes, si elles passent sous
ses yeux, me faire pardonner le tort que j'ai eu
de laisser échapper son nom !

C'était un vendredi : Boghar n'est pas un pays
de ressources pour la table. Des œufs, des
pommes de terre apaisèrent la faim des voya-

geurs. Mgr Dupuch coucha dans la chambre d'Abd-
el-kader, et moi, dans l'antichambre. Le lendemain
qui était encore jour maigre, une surprise nous
attendait. Un chasseur, commandé sans doute,
avait tué une macreuse, volatile que n'atteint pas
la loi de l'église; on nous la servit, et nos hôtes
nous forcèrent à la mettre en pièce.

Abd-el-kader avait établi à Boghar une fonderie
et l'on nous fit voir à l'une des portes un canon
qui en était sorti et qui servait de chasse-roue. Il
n'y avait dans ce poste qu'un petit nombre de
militaires. Le prélat n'y dit pas la messe et ne
s'arrêta pas, de peur d'être à charge à une gar-
nison qui vivait de privations. Il n'y avait à Boghar qu'une boulangerie; en partant nous demandâmes du pain pour mettre dans nos cantines;
le pain était au four, et on ne put nous en donner.
Nous nous gardâmes d'en rien dire, parce que les
officiers, pour nous en donner, se seraient privés
du leur.

Quand nous fûmes descendus de ces hauteurs et
arrivés dans la plaine, un spectacle curieux vint
frapper nos regards. Les Arabes du Sahara venaient de faire leurs provisions de blé dans le
Tell et s'en retournaient au désert. Une immense
caravane, composée de quinze cents chameaux,
couvrait la terre sur une étendue d'une lieue.
Chacun de ces animaux avait son conducteur;
quelquefois cependant le même en conduisait

deux. Nous nous dirigions sur Médéah et nous nous croisâmes avec cette procession d'un nouveau genre. J'étais pour ma part resté en arrière et le cortége était assez loin devant moi. J'arrivai donc seul devant les dromadaires et leurs conducteurs. Nouveau venu en Afrique, je ne savais pas un mot d'arabe, et il m'en coûtait de laisser passer les hommes du désert sans leur dire une parole. Je fis donc appel à tous mes souvenirs, et il me revint à la mémoire que Melchisedech,

« On ne s'attendait guère »
» A voir Melchisedech en cette affaire. »

que Melchisedech était roi de Salem et que salem signifiait la paix. A tout hasard, je me tourne vers l'un des conducteurs, et en le saluant je lui dis : Salem. Cette figure grave et silencieuse qui était penchée vers la terre se relève, s'éclaire d'un sourire et le Saharien, corrigeant ma prononciation, me répond : *Selam !* paix ! Tout fier de mon aventure, je me hâtai de rejoindre le cortége et je la racontai au prélat. On disserta alors sur la langue hébraïque et la langue arabe; quelqu'un fit remarquer qu'il existait entr'elles une grande ressemblance, que les mots étaient souvent les mêmes et les procédés identiques; qu'au reste on ne devait point s'en étonner, puisqu'elles étaient sœurs et filles du même père, c'est-à-dire, d'Abraham, l'une par Isaac, l'autre par Ismael. La conclusion fut que l'homme du désert avait dû m'entendre.

Le soir, après avoir de nouveau traversé le Chélif, nous arrivâmes auprès d'une belle source et nous nous arrêtâmes en cet endroit pour y passer la nuit. L'eau de la fontaine coulait à travers une prairie ; l'ancien gazon, brûlé par le soleil, commençait à faire place au nouveau. Il arrive en Afrique tout le contraire de ce que nous voyons en France. Dans nos contrées, c'est pendant l'hiver que la végétation s'arrête et que la terre se repose ; en Afrique, c'est en été. Lorsqu'on a coupé les foins et les blés, ce qui arrive en mai et en juin, la terre s'embrase ; pendant six mois il ne tombe pas une goutte d'eau. On ne voit alors de verdure que sur les arbres ou dans les rares endroits favorisés d'une source. Mais dès que les pluies commencent, ce qui a lieu vers la fin de septembre et infailliblement en octobre, tout change de face. La terre se couvre d'une multitude de petites pointes qui bientôt seront du gazon. La verdure et les fleurs s'épanouissent de tous côtés et la végétation va toujours croissant. En décembre et en janvier, tandis qu'en France nous avons la neige et les frimats, on mange les petits pois en Afrique. Que de fois je me suis promené parmi les roses et les pois en fleur, tandis que des lettres de Paris m'annonçaient qu'on passait la Seine sur la glace. Un jour les jardiniers d'Alger spéculeront sur ce légume, et, au lieu d'en

semer quelques carrés étroits, ils en couvriront
des champs entiers ; ils le cueilleront en décembre
et en janvier et le confiant à la vapeur qui ne
s'arrête plus ni sur mer ni sur terre ils le feront
arriver d'Alger à Marseille en 30 heures et de Marseille à Paris en 24, et en inonderont la capitale.
Nos neveux ne sauront plus ce qu'a voulu dire
Boileau dans ces vers :

> Qu'à Paris le gibier manque tous les hivers
> Et qu'à peine au mois d'août l'on mange des pois verts.

Mais laissons là les primeurs d'Afrique et revenons à la prairie. A peine descendus de cheval,
nous profitons de ce qui reste de jour pour réciter
le bréviaire, et nous nous dispersons de côté et
d'autre pour accomplir ce devoir. Nous n'avions
pas commencé qu'un arabe se séparant des autres
s'avance au milieu de la prairie et se dispose à
faire sa prière. Nous suspendons la nôtre et l'exa-
minons attentivement. Il se tourne vers la Mecque
selon l'usage ; ses traits étaient empreints de re-
cueillement, comme il arrive toujours à l'Arabe,
lorsqu'il prie ; il avait jeté devant lui un petit tapis
dont il se servira bientôt. Il lève d'abord les yeux
et les mains vers le ciel, se touche le front, les
tempes, la barbe, fait trois inclinations profondes,
se met à genoux sur le tapis en s'asseyant sur ses
talons, et baise trois fois la terre, récitant soit dans
l'intervalle des inclinations et des prostrations, soit

en les faisant, les prières prescrites, comme il avait en commençant récité un chapitre du Coran.

Il ne faut pas s'imaginer que cet arabe fût venu là parce que nous y étions et pour être vu : non. Plusieurs fois, la nuit et lorsqu'on ne pouvait pas les voir, j'en ai rencontré qui remplissaient ce pieux devoir. L'arabe prie de bonne foi et avec respect; il ne prie pas par ostentation, comme il ne s'abstient pas de prier par respect humain. Tous ceux qui ont vu Alger savent que les Maures font leurs prières sur les terrasses de leurs maisons. Or, comme Alger est bâtie sur la pente d'une montagne, plusieurs de ces terrasses sont dominées par les parties supérieures des rues. Une foule compacte et bruyante remplit ces rues; mais jamais le Maure ne se détourne pour examiner si on le regarde ou non.

La prière du musulman finie, nous commençâmes la nôtre et nous demandâmes de bon cœur à Dieu d'accepter ce qu'il y avait de bon dans celle du pieux musulman et de lui inspirer ce qui pouvait y manquer.

Le bréviaire récité, il fallut songer au souper. Nous pensions n'avoir pas de pain, comme nous l'avons dit en quittant Boghar, mais en fouillant dans les cantines, le fidèle Jean en trouva un et M. l'abbé Montéra fut dispensé de faire le pilau. Il était le seul de la troupe dont les connaissances culinaires s'élevassent jusque là. Le prélat de son côté s'était préoccupé de ce soin. En visitant la fontaine et son cours à travers la prairie, il avait découvert du cresson et en avait cueilli. S'approchant ensuite de moi d'un air triomphant : voilà, me dit-il, la salade. Je reçus le cresson des mains du bon prélat et allai à la fontaine le débarasser de ses racines et d'autres matières peu attrayantes. Nous mangeâmes le cresson au sel, l'huile et le vinaigre manquant. Après le repas et la prière, Mgr Dupuch, suivant sa coutume, se glisse sous la tente pour dormir. Le cresson, tel que nous l'avions mangé, n'étant pas de facile digestion, je descendis le long de la prairie, pour prendre l'air et me promener. Cette promenade faillit m'être funeste. Comme je revenais enveloppé de mon burnous blanc, le zouave qui montait la garde cria : *Qui vive !* N'ayant pas entendu, je ne répondis pas. Le zouave alors croyant avoir affaire à un arabe maraudeur se mit en devoir de m'ajuster. Un de mes compagnons de voyage l'arrêta, en lui faisant remarquer que je n'étais pas dans la tente. J'appris en arrivant le danger que j'avais couru, et je me tins pour dit de ne plus sortir sans avertir la sentinelle.

Nous eûmes encore un orage pendant la nuit ; mais le lendemain le soleil était radieux et nous continuâmes notre route par des terrains fangeux et difficiles. Nous rencontrâmes entr'autres un passage qui ne sortira pas aisément de ma mé-

moire. Le chemin avait juste la largeur nécessaire
pour que le cheval pût mettre son pied ; il courait le long d'une montagne qui, à gauche se
dressait comme un mur, à droite présentait d'affreux précipices et au fond de l'abyme un torrent
rapide. Le terrain de plus était argileux et glissant
à cause de la pluie tombée la nuit précédente.
Arrivés devant ce passage effrayant, nous dîmes
aux Zouaves : est-ce que nous allons passer par
là ? En réponse ils lancent leurs chevaux en avant.
Nous adressant alors aux guides, nous leur demandons conseil, et ils nous disent : ne pressez pas
vos chevaux, ne les retenez pas, mettez leur la
bride sur le cou et laissez-les faire. En effet, ces
chevaux, habitués à ces lieux âpres, posaient le
pied exactement dans la trace de ceux qui les
avaient précédés et ils nous conduisirent heureusement jusqu'à l'autre extrémité de la montagne.
La méthode arabe, nous dirent alors les militaires
de l'escorte, est aussi la nôtre ; quand on arrive
devant un de ces passages, on crie : la bride sur
le cou et à la grâce de Dieu : en avant !

Après avoir marché longtemps par ces belles
routes, nous fîmes halte sur le bord d'un ruisseau. Pendant qu'on déchargeait nos cantines,
un arabe arrive, porteur d'un panier dont je
cherche parmi les nôtres un analogue, sans le
trouver. C'était une espèce de nasse longue, étroite,
cylindrique. Elle était remplie de raisins. (*Qua-
desch?*) combien ? lui dit un de la troupe. L'a-

rabe nous fit comprendre par signes et ensuite nous fit dire par nos zouaves qu'il ne voulait pas d'argent et que c'était un présent qu'il entendait nous faire. La ruse était connue ; il voulait quelques boudjoux de plus. Nous lui mîmes dans la main une pièce de deux francs qu'il reçut avec une humilité profonde et des signes multipliés de respect. Il ouvrit alors sa nasse par l'un des bouts, nous livra le raisin et démolit le panier. Le raisin en Algérie est délicieux ; il surpasse le raisin de notre midi, autant que celui-ci surpasse le raisin du nord. Malheureusement celui de l'Arabe n'était pas mûr ; c'était pourtant la saison, mais il l'avait sans doute cueilli dans les gorges où le soleil ne pénètre qu'avec peine.

Après avoir chevauché longtemps, tantôt à travers des plaines, tantôt par de hautes collines, nous nous trouvâmes en face d'une montagne qui nous barrait le passage et était taillée presqu'à pic. Médiah ! s'écrient nos guides, Médiah ! en prononçant à leur façon. C'était en effet Médéah, bâtie sur le plateau qui finit brusquement en cet endroit. A la vue de cette pente raide par où il nous fallait grimper, nous recommandons à Dieu nos âmes et lançons nos chevaux en avant. Après avoir tourné et retourné sur les flancs de la montagne, au risque vingt fois de rouler dans les abymes, nous arrivons au sommet et saluons Médéah.

Médéah que les latins désignaient par le singulier *Media* ou le pluriel *ad Medias* ne conservait rien ou presque rien de son origine romaine. La ville arabe elle-même avait été transformée en ville française. La pierre, la chaux, le sable, tout est là sous la main pour bâtir. Aussi l'hôpital, la caserne, et beaucoup d'élégantes maisons françaises s'étaient élevées sur divers points, comme par enchantement. Médéah a de belles eaux : le général Marey (Monge) que nous rencontrâmes là, en avait profité pour créer un jardin d'essai dans le genre de celui d'Alger ; il y avait établi un cercle et un cabinet de lecture que nous visitâmes ; en un mot il avait transplanté là tous les usages de la mère patrie. Respectant toutefois la nation vaincue, il avait réservé un vaste caravansérail où les Arabes qui venaient à Médéah ou à Alger trouvaient un asile commode pour eux et pour leurs chameaux.

Le palais du général était comme une vaste ménagerie : nous y vîmes un aigle, un lynx, une autruche et un lion avec lequel ses aides-de-camp jouaient comme avec un levrier ; ils se mettaient à califourchon sur son dos ; quant à nous, nous nous tenions à distance même pour voir ces jeux. Cédant aux prières de sa mère, dont ce lion troublait la paix en France, le général en fit don au roi de Sardaigne. M. Marey qui aimait mon frère le capitaine, et ses aides-de-camp qui le connaissaient, me comblèrent de soins et d'égards ; je serais ingrat, si je ne leur payais ici ce tribut de reconnaissance.

Le soir il y eut dîner splendide. Outre Mgr Dupuch, le général avait un hôte extraordinaire ; c'était le Califat de Lagouath, qui fidèle alors venait de recevoir à Alger le burnous d'investiture et dont la défection nous valut plus tard la possession de son pays. Il était à la gauche du général ; Mgr Dupuch occupait en face la place d'honneur. Le Califat ne toucha point à ce qui était servi sur notre table ; on lui apporta des mets préparés conformément aux prescriptions du Coran et aux usages de sa nation. Il mangea sans mot dire, à l'exception de quelques paroles qu'il échangea avec le général. Il n'en était pas de même du reste de la table où le Bourgogne et le Champagne avaient sans doute un peu contribué à délier les langues.

Après le dîner on passa au salon. Quelques circonstances particulières ajoutèrent à l'intérêt de cette soirée. Le lion faisait partie de la société ; il était accroupi à côté de la porte d'entrée. Deux dames, les seules peut-être qu'il y eût alors à Médéah, avaient été invitées. Au lieu de faire honneur au roi des animaux, en le voyant, elles s'enfuirent au fond du salon. La forme de ce salon leur permit de se mettre à distance. La maison du général était une vaste et magnifique maison mauresque. Or, ces maisons ont toujours une cour au milieu pour recevoir la lumière, et les pièces qui forment les appartements sont toutes étroites et d'une longueur qui égale un des côtés du carré ou du parallellogramme, leur forme invariable. On apporte le café: l'évêque en présente une tasse au Califat, et quelques instants après, l'habitant du désert demande à se retirer. Le général l'accompagne et rentrant presqu'aussitôt: Monseigneur, dit-il, permettez-moi de vous faire part d'un petit incident au sujet du califat. Pourquoi, m'a-t-il dit, pourquoi ton marabout ne m'a-t-il pas béni, quand je l'ai quitté? — C'est peut-être, lui ai-je dit, que tu ne le lui as pas demandé. — S'il le veut, a-t-il répliqué, je retournerai pour l'en prier. Qu'il vienne, s'écria l'apôtre avec enthousiasme. Quel bonheur pour moi de le bénir! Est-ce qu'il ne fait pas partie de mon troupeau? Le général sort et rentre l'instant d'après avec le Califat. Celui-ci salue profondément le prélat et la conversation s'établit entr'eux, grâce au général qui parle l'arabe et faisait fonction d'interprète. Je suis heureux de te bénir, lui dit le pontife, et voici ce que je demande à Dieu pour toi: Je le prie de t'accompagner tout le long de ta route et de te préserver de tout accident fâcheux, de t'accorder la santé à toi, à tes enfants(1),

---

(1) La femme exclue à dessein ; elle n'est rien : le cheval

à tous les habitants de la contrée où tu commandes; de te donner des dattes; de multiplier tes troupeaux, afin qu'ils te nourrissent de leur lait et de leur chair. Le Califat auquel le général rendit les vœux du pontife, s'inclina de nouveau avec respect et lui dit, toujours par l'entremise du général: que Dieu te rende encore plus de bien que tu ne m'en as souhaité; qu'il accomplisse tous les vœux de ton cœur et puissent les enfants de nos enfants te voir encore parmi eux! Il fit pour la troisième fois une profonde inclination et sortit.

Le lendemain dans la matinée, le général, l'état-major, une partie de l'armée étaient à l'église, c'est-à-dire, dans la mosquée qui en tenait lieu. Mgr Dupuch dit la messe et adressa à ces braves des paroles où perçait sa reconnaissance pour l'accueil qu'il en avait reçu. Le général en effet dans ses rapports avec le prélat avait mis une cordialité et une sorte d'abandon qui l'avaient charmé et dont il parla souvent dans la suite. Dans l'après-midi le prélat rassembla de nouveau les fidèles dans l'église et prêcha une seconde fois. Le général, n'ayant pas été prévenu, n'avait pu assister et il s'en excusait le soir auprès du prélat. Dans l'intervalle des deux exercices, nous avions vi-

passe avant elle, et après avoir demandé à un arabe des nouvelles de sa santé, on lui en demande de son cheval mais jamais de sa femme.

sité l'hôpital où s'étaient renouvelées les scènes dont nous avons parlé ailleurs.

Le jour suivant, nous étions en route. Le général, les officiers, les médecins nous accompagnèrent jusqu'à l'ouverture des gorges de la Chiffa. Là le prélat descendit pour faire ses adieux au général, qui voulut lui tenir l'étrier pour remonter. Le prélat résistait : laissez-moi faire, dit le général ; ces arabes qui nous regardent savent que c'est un honneur dû aux chefs ; il est bon qu'ils voyent le respect que nous portons à notre grand marabout. On se dit adieu ; le général avec sa suite regagna Médéah, et nous nous engageâmes dans les gorges de la Chiffa.

Nous ne pouvions nous lasser d'admirer ces belles eaux qui courent sur les montagnes avant de rouler dans les abymes. Quand on les a vues, on ne s'étonne plus des légendes naïves que l'Arabe raconte à leur sujet. Les gorges elles-mêmes sont une autre merveille. A partir de l'endroit où nous avions quitté le général, nous marchâmes par un chemin sinueux entre deux rangées de montagnes dont le sommet semble toucher le ciel, tandis que le soleil peut à peine pénétrer dans les profondeurs qui sont à leurs pieds. Les angles saillants et rentrants semblent jouer entr'eux et se succèdent sans interruption. Nous nous arrêtâmes un instant pour contempler une superbe cascade qui rappelle celle de Tivoli. Nous nous étonnions que les Français eussent tenté de suspendre une route sur les flancs abruptes de ces monts. Elle était pourtant commencée alors ; plus tard de fortes pluies l'ont emporté dans certains endroits et forcé le génie à la placer plus haut. Elle est aujourd'hui achevée et le voyageur français peut aller en voiture où le Romain et l'Arabe même ne pouvaient pas toujours passer à cheval.

Le long de ces pentes, et aussi parce qu'ils approchaient du terme, nos chevaux étaient allés vite. Vers midi, nous débouchions dans la plaine avec la Chiffa, et quelques instants après nous entrions à Blidah. On se figure difficilement le bonheur du retour après un voyage qui, sans être long, nous avait menés aux limites du monde civilisé.

En arrivant à Blidah, je trouvai au presbytère quelques élèves du grand séminaire d'Alger et à leur tête un de leurs directeurs, bien digne par sa simplicité et sa candeur d'être au nombre des enfants de Saint-Vincent-de-Paul, M. l'abbé Fressigne. Dans une conversation qui s'était vite engagée et où les questions des jeunes séminaristes timides d'abord, mais plus hardis ensuite, pleuvaient sur moi, le directeur me dit : il fait meilleur ici aujourd'hui que le jour où j'entendais siffler les balles à mes oreilles. — Comment, lui dis-je, siffler les balles ? — J'étais militaire, reprit-il, et je faisais partie du corps qui vint assiéger

Blidah; venez, je vous montrerai l'endroit où je combattais avec ma compagnie. Nous sortons, et pour me délasser de la fatigue du cheval, je le suis dans les gorges de l'Oued-kebir. Nous grimpâmes jusqu'au fort bâti sur les flancs de l'Atlas, et de ce point élevé il fit son siège et m'indiqua l'endroit qu'il occupait lui et ses compagnons d'armes. Et comment, lui dis-je, êtes-vous prêtre aujourd'hui? J'avais étudié, me dit-il, avant d'être militaire; la pensée d'être prêtre me poursuivait toujours. Mon temps fini, je me présentai à M. le supérieur du grand séminaire d'Alger, l'excellent abbé Girard, aimé et vénéré de tous ceux qui l'ont connu. Il m'examina, m'envoya à Paris à la maison mère, et me voilà prêtre et curé de Mustapha. J'ai, comme vous le savez, l'hôpital militaire dans ma paroisse; j'y vais tous les jours consoler quelques-uns de mes anciens camarades et je connais mieux qu'un autre le chemin de leurs cœurs. Ce digne prêtre a rempli ces fonctions jusqu'au moment où nos soldats sont partis pour la Crimée. Accoutumé à aider ses frères d'armes, il les a suivis en Orient, et il est mort en les servant dans une des ambulances de Constantinople.

Mais revenons à notre saint évêque. Il était pressé de retourner à Alger où il devait présider le lendemain une assemblée de charité. Avant de partir, il fit venir nos bons zouaves et les remercia affectueusement du soin qu'ils avaient eu de nous pendant le voyage et mit dans la main de leur chef de nombreux douros (pièce de 5 francs). Le grave Mohammed le remercia très respectueusement et se retira en le bénissant. Quelques instants après, le prélat remonta à cheval et, accompagné de M. l'abbé Roudil seul, il prit le chemin d'Alger. Avec son agrément, M. l'abbé Montéra et moi nous restâmes à Blidah, et le lendemain, la diligence, meilleure que la voiture qui nous avait amenés, nous rendait à Alger où nous racontions les merveilles et les dangers du voyage qui venait de finir en attendant celui qui allait commencer.

DEUXIÈME VOYAGE

DANS LA PROVINCE DE CONSTANTINE.

———

Une quinzaine après environ, étant un jour venu de bonne heure à l'évêché, je trouvai Mgr Dupuch, un crayon à la main et les yeux fixés sur une carte. Il faisait, selon sa coutume, le plan du voyage et marquait les lieux par où nous devions passer et le séjour que nous devions faire dans chaque endroit ; il eut la bonté de me communiquer ce projet que la mer, le temps et les convenances de l'autorité militaire modifièrent un peu, et m'invita à me tenir prêt pour le lendemain. Le jour suivant, en effet, dès le matin des Biskris (arabes venus de Biscara qui font à Alger l'office de porte-faix) portaient à bord la chapelle épiscopale, nos cantines, nos valises et tout l'attirail d'un long voyage. Tout était transporté aux frais de l'État qui s'est toujours montré généreux, en Algérie, pour faciliter au prélat et à ses prêtres ces sortes de courses. Sur terre, les généraux nous fournissaient les moyens de transport, et sur mer le bateau à vapeur recevait sans frais nos personnes et nos bagages, et les commandants nous traitaient à bord comme les généraux dans leurs palais.

A dix heures nous étions embarqués et le bateau à vapeur se mettait en mouvement. En sortant du port, nous saluâmes le cap Matifoux où se rembarqua Charles-Quint après sa désastreuse expédition. Nous vîmes ensuite Delhys qui n'était rien alors; il n'y avait qu'une seule construction française. Le temps était superbe et la mer d'un bleu ravissant; personne ne songeait à être malade. Nos regards étaient fixés sur la côte raide et abrupte, et nous apercevions parfois au milieu des broussailles des cabyles, qui eux aussi regardaient avec étonnement le magique navire. Nous disions en les voyant : quelques encablures seulement nous séparent de la barbarie, et si un accident nous jettait sur la côte, ces hommes nous dépouilleraient et peut-être emporteraient nos têtes.

Arrivés devant Philippeville, nous admirions l'enfoncement où se cache Stora et la route taillée dans le roc qui unit la baie et le village à Philippeville. Puis l'ancienne Rusicada nous apparaissait sur le flanc de la montagne, au pied d'une vallée étroite d'abord, mais qui s'élargit ensuite vers l'est. Au sommet de la montagne sont les citernes romaines. Philippeville est, partie en saillie, partie cachée dans la vallée. En deçà de cette vallée, du côté de la mer, est un promontoire détaché du reste, sur lequel est bâti l'hôpital. Les citernes dont je viens de parler sont un magnifique monument qu'on pourrait aujourd'hui mettre à profit, comme au temps du peuple-roi. Il est dans un état parfait de conservation et il n'y aurait qu'à rétablir le conduit qui des citernes amenait l'eau dans la ville. J'ai parcouru le théâtre romain qu'on venait de découvrir et dont on suivait aisément la configuration ; j'y ai vu des statues qu'on avait tirées des ruines et qui semblaient être tombées la veille du ciseau de l'artiste ; j'y ai lu en beaux caractères romains gravés sur la pierre une inscription latine en bon style, expliquant le motif qui avait fait élever le monument et donnant le nom du personnage à qui il était dédié.

Les travaux modernes ne correspondaient pas aux anciens. Le bon curé (M. l'abbé Lemof, aujourd'hui curé d'une des églises d'Alger), que j'avais vu dans mon premier voyage, en 1842, et avec qui j'avais visité les citernes et le théâtre dont je viens de parler, avait pour clocher deux poutres appuyées l'une contre l'autre et portant une cloche au-dessous du point de rencontre, et pour église un ancien magasin où il avait installé, comme il avait pu, un autel, un confessional et une chaire. Son presbytère composé de deux ou trois pièces en faisait partie, et il se trouvait ainsi logé dans la maison de Dieu.

En dépit du local, cet excellent prêtre donna l'hospitalité à son évêque avec une sorte de luxe. Il était en cela comme en tout le reste très bien secondé par son vicaire, M. l'abbé Vincent, qui exerçait une influence toute puissante sur les Maltais, ses compatriotes, très nombreux à Philippeville. Sur l'invitation de ce dernier, les barques maltaises s'étaient mises à la mer et la pêche avait été miraculeuse. Non seulement le poisson avait abondé sur notre table, mais encore un superbe homard, cuit et bien emballé, prit place dans nos cantines.

Le jour du départ venu, le prélat fit amener des chevaux pour lui et pour sa suite; elle était la même que dans le dernier voyage, à une exception près. M. l'abbé Roudil avait fait place à M. Bransoullier, jeune peintre, qui dans nos stations prenait le croquis des sites, des costumes arabes, des cérémonies religieuses en plein air, en un mot de tout ce qui pouvait présenter quelqu'intérêt. M. le curé, malgré son état maladif, voulut accompagner son évêque et vint jusqu'aux limites de sa paroisse, lesquelles n'étaient pas alors bien déterminées. Là il nous dit adieu, et nous continuâmes notre route par un temps magnifique qui ne se démentit pas pendant le reste du voyage, quoique la saison fût avancée, puisque nous étions en novembre.

Le premier village que nous rencontrâmes fut

El-arrouch. Nous primes gîte dans un hôtel en planche. Après une légère collation, nous fîmes visite à l'autorité militaire qui se montra comme partout très empressée. Le village n'avait que quelques maisons en pierre; des baraques en bois, voilà pour le reste : c'était un camp plutôt qu'un village. Au milieu était un emplacement destiné à recevoir l'église; les fondations étaient même creusées en partie. Le pontife revêtu de ses ornements et accompagné de deux prêtres de sa suite en surplis et en mozette en prit possession en le bénissant solennellement.

Après la cérémonie, j'usurpai une fonction chère à M. l'abbé Montéra. Averti qu'il y avait un malade à l'hôpital, j'allai le voir. Ce pauvre militaire était seul et en proie à une fièvre violente. Je lui adressai quelques paroles; il sortit de son assoupissement, comprit ce que je lui disais, et consentit à recevoir le sacrement de l'extrême-onction. Je dois à son occasion rendre justice à tous ses frères d'armes. Ce n'est pas seulement en Crimée que nos soldats ont bien accueilli le prêtre et volontiers mis à profit son ministère. Pendant les quatre années que j'ai passées en Afrique où j'ai eu occasion d'en voir souvent, je n'en ai pas rencontré un seul qui, au dernier moment, ait refusé de se réconcilier avec Dieu.

Nous allâmes, conduits par les officiers, visiter une magnifique construction, occupée par la troupe;

elle est située par-delà le ruisseau et environnée de belles prairies. Nous revînmes ensuite coucher dans notre palais de sapin. Le lendemain un jeune homme nous servait à table : nous fûmes tous frappés de son air de modestie. Mgr Dupuch questionna à son sujet le maître d'hôtel qui nous raconta son histoire. Ce jeune homme avait fait une partie de ses études en France dans un petit séminaire ; il avait suivi ses parents en Afrique ; ceux-ci étaient morts, et l'aubergiste l'avait recueilli. Le prélat demanda au jeune homme s'il ne serait pas bien aise de continuer ses études, et sur sa réponse affirmative, il l'adopta et lui promit une place dans son petit séminaire. Ici encore le bon pasteur passa faisant le bien. Nous montâmes à cheval et partîmes sous le charme de cette bonne action.

Nous cheminâmes à travers un pays fort accidenté et par une route ici commencée, là interrompue. Nous rencontrâmes dans la journée de vastes édifices vides. Les Français en avaient d'abord profité pour y placer un camp; mais la maladie décimant nos soldats, ils avaient été contraints de les abandonner. Les Toumiettes ou jumelles appelèrent aussi notre attention. Ce sont deux montagnes placées en regard l'une de l'autre, d'une ressemblance parfaite, et véritablement jumelles, suivant la signification du mot arabe. Nous étions fâchés qu'on n'eût pas fait pour elles ce qu'on a fait pour le fameux Teniah de Mouzaïa qu'on a fini

par appeler le col de Mouzaïa, Téniah ayant cette
signification en arabe. Le soir nous arrivâmes au
camp du Smendou. Mgr Dupuch occupa le logement du commandant aux instances duquel il
ne put se refuser. Cet excellent militaire avait une
sœur qu'il chérissait et dont la pensée charmait
sa solitude : son portrait et d'autres souvenirs d'elle
occupaient dans la chambre une place d'honneur.
Le prélat appréciant un sentiment si pur lui donna
pour elle des reliques et des médailles que le
commandant reçut avec bonheur.

Il y avait dans le camp quelques malades : nous
allâmes les visiter, accompagnés des médecins.
Tandis que nous étions auprès d'eux, des arabes
arrivèrent et demandèrent un des docteurs. Celui-
ci nous quitta et revint bientôt. Il nous raconta
alors qu'il allait de temps en temps dans les tribus
voisines, qu'il voyait les malades, et par des remèdes simples qu'il leur donnait, les guérissait
souvent. Or, les arabes ont en vénération les
Tébibs ; c'est le nom qu'ils donnent aux médecins.
Ils accueillaient celui-ci avec tous les signes de
l'amitié et du respect, et venaient quelquefois au
camp le consulter et lui apporter des présents. Ce
sont les motifs qui les avaient amenés ce jour là.
Bons, mais encore un peu sauvages, les enfants
d'Ismaël seront ramenés à nous par les médecins,
les prêtres et les sœurs de charité.

Nous partons et cette fois c'est à Constantine

que nous devons faire halte. Constantine, à ce nom, que de souvenirs viennent se presser dans notre imagination! Constantine, disions-nous, l'ancienne Cirta, la capitale de la Numidie, la ville de Massinissa, de Sophonisbe, de Syphax, de Jugurtha, nous allons la voir! Constantine, ajoutait le prélat, que le premier empereur chrétien releva de ses ruines, dota d'une église et de son nom, où saint Augustin venait assister à des conciles pour nous en conserver les actes, Constantine devant laquelle avait d'abord échoué notre brave armée pour l'emporter ensuite avec gloire; oui nous allons y entrer. Cela nous semblait un rêve. Tandis que nous suivions ainsi par la pensée le sort de cette ville à travers les siècles, nous avions tourné le Mansourah qui la cache, quand on arrive de ce côté, jusqu'au moment où l'on est, pour ainsi dire, sur elle. Tout à coup la tête de la caravane crie: Constantine! Constantine! et tous de doubler le pas pour saluer la cité, numide d'abord, puis romaine, puis grecque. puis arabe et enfin française.

Constantine est, topographiquement parlant, la ville la plus curieuse du monde. C'est un nid d'aigle posé sur un rocher. En approchant nous voyions en effet des aigles, des vautours, des corbeaux voler autour de ses flancs et pardessus sa tête, ou plonger dans les abymes qui se trouvent entr'elle et le Mansourah. Le roc qui la porte forme une presqu'île entièrement séparée de la terre, excepté par le point qui la lie au Coudiat-ati. C'est là que se trouve le monument de Damrémont. C'est par là aussi que les Français entrèrent, et cette porte, qui s'est appelée d'abord porte de la brèche, s'appelle aujourd'hui porte Valée. Le Rummel qui entoure Constantine, en arrivant devant son rocher se détourne à gauche et vient mouiller le pied du Coudiat-ati; il revient ensuite sur ses pas, tourne du côté du pont, passe entre deux rochers taillés à pic à une hauteur prodigieuse, se perd un peu après et disparaît l'espace de deux ou trois cents mètres pour reparaître bientôt avec un grand fracas; il tourne ensuite et va caresser encore par ce côté le Coudiat-ati ; enfin il s'élance dans la plaine où l'œil le suit longtemps à travers les lauriers-roses qui dessinent son cours.

Si vous examinez Constantine du côté par où le Rummel arrive, vous apercevez un amas de maisons arabes qui commencent à la partie inférieure du plateau et qui s'élevant en amphithéâtre vont finir à l'autre extrémité. Ces maisons, alors en ruines pour la plupart, sont dominées par les minarets, le palais des deys, et les constructions françaises, c'est-à-dire, la caserne et l'hôpital, premier souci de l'armée, partout où elle s'établit: au pied de Constantine et sur la rive droite du Rummel, on voit une suite d'arceaux assez bien conservés; ce sont les restes d'un aqueduc romain.

Nous suivîmes en montant à Constantine, la rampe du Coudiat-ati, du côté où le Rummel, en le quittant s'enfuit dans la plaine. Notre entrée se fit avec une sorte de solennité. Le prélat marchait en tête; les deux prêtres de sa suite étaient à ses côtés; le reste de la troupe venait ensuite. Une foule d'arabes était accourue et nous suivait. Arrivés sur la place nous nous arrêtâmes. Des militaires vinrent au même instant, s'emparèrent de nos chevaux et les amenèrent pour en prendre soin. Nous nous rendons au presbytère pour faire un peu de toilette et aller ensuite saluer le général Bedeau, qui commandait à Constantine. Tandis que nous étions là, un aide-de-camp arrive pour prier le prélat de venir lui et sa suite prendre logement au palais. Cette offre ne fut acceptée qu'en partie: il fut réglé que M. l'abbé Montéra et le jeune artiste resteraient au presbytère et que monseigneur et moi irions au palais. Il fut convenu aussi que la visite serait différée et que nous la ferions en allant dîner.

Le soir venu, nous traversâmes ce palais, somptueuse demeure des beys. Nous admirions en passant ces jardins intérieurs, ces cours spacieuses autour desquelles règnent des galeries portées par des colonnes de marbre. Nous fûmes introduits dans une vaste et longue salle, la plus belle du palais, tapissée d'arabesques et toute resplendissante de dorures. Après quelques instants d'entretien on se

leva pour aller se mettre à table. Nous passons
dans une pièce qui n'était guère moins brillante
que la première; mais la conversation du général
nous fit oublier et la splendeur du lieu et la magnificence du festin. Cette parole facile, élégante, d'une
précision remarquable, était vraiment séduisante.
A la prière du prélat il raconta le second siège et
la prise de Constantine.

Pendant cinq jours et cinq nuits, nous dit-il, la
pluie ne cessa de tomber. Nos soldats étaient littéralement dans l'eau : quelques uns s'étaient établis
dans les tombes du Coudiat-ati. Les ruisseaux qui se
formaient de toutes parts en pénétrant dans ces abris
en avaient fait autant de mares et les en avaient
chassés. Le spectacle qu'offrait l'armée était na-
vrant. Nous passions de temps en temps pour re-
lever leur courage et leur distribuer de la tuile
pilée. Prenez, leur disions-nous, et frottez avec
cela la batterie de vos fusils. Si les arabes venaient
nous attaquer, la poudre ne prendrait pas.

Rapprochés comme nous l'étions des murs de
Constantine, nous entendions le bruit qui se faisait
dans les rues, la voix des Muezzins qui appelaient
à la prière et les arabes qui criaient du haut de
leurs terrasses : allah! allah! implorant le secours
de Dieu. Cette prière de tout un peuple réduit à
l'extrémité avait quelque chose de touchant et je ne
sais, ajouta ici le général, lequel des deux peuples
était le plus religieux. Dans notre camp à peine

quelques soldats peut-être avaient adressé à Dieu leur prière, et dans l'autre un peuple tout entier poussait des cris vers le ciel et réclamait son assistance.

Enfin le ciel s'éclaircit et le soleil commença à reparaître. Nous parcourons les rangs et nous servant à dessein du sobriquet que les soldats donnent au soleil, nous disions en le montrant: regarde le.. avec le soleil la joie renait dans les cœurs. Des dispositions sont prises pour battre le mur; une partie s'écroule et l'assaut est donné. Officiers et soldats se précipitent sur la brèche; mais dans ce moment une effroyable explosion a lieu dans cet endroit. Les premiers arrivés sont couverts de décombres ou brûlés par la poudre. Il y a un moment d'hésitation; mais bientôt les chefs font entendre ces mots: tambours, battez la marche; clairons, sonnez la charge. Le soldat y répond par ce cri: en avant! La Moricière, à la tête de sa colonne, enfile une rue; les autres en font autant, et Constantine est à nous.

Cependant à l'autre extrémité de la ville avait lieu une catastrophe effroyable. Le rocher qui du haut de Constantine plonge dans le Rummel n'est pas partout taillé à pic; il présente dans un endroit une pente très dangereuse et par où les chamois auraient de la peine à passer. C'est par là pourtant que la nuit précédente Admed, dernier bey de Constantine, s'était sauvé avec ses femmes et ses trésors. Quand les arabes virent Constantine en notre pouvoir, ils s'entassèrent sur ce point, et s'aidant de cordes, ils se hasardaient à descendre. Un grand nombre, à cause du tumulte et de la précipitation, roulaient dans l'abyme. Mais quand nos colonnes, qui, ignorant ce qui se passait, avançaient toujours, eurent atteint la lisière de cette masse, le désordre fut à son comble. Les premiers pour fuir les nôtres, poussaient ceux qui étaient devant eux , ceux-ci d'autres, comme une vague pousse une autre vague ; et alors les plus voisins du gouffre, hommes, femmes, enfants, y tombaient par centaines.

Le lendemain, quand nous avons visité ces lieux, ce spectacle s'est présenté à notre imagination dans toute son effrayante vérité. Le prélat, comme pour en tempérer l'horreur, nous a raconté alors l'histoire de la petite Constantine. Il a plus tard consigné ce récit dans son *Essai sur l'Algérie,* ouvrage auquel je l'emprunte.

« Quelques instants après l'effroyable catastrophe, un sergent de je ne sais plus quel régiment, s'étant approché de la roche fatale, crut apercevoir parmi cet amas de cadavres gisant mutilés, ensanglantés, comme les mouvements d'un enfant tendant les bras à sa mère. Descendre par les rampes extérieures, accourir sur le lieu même de la scène d'horreur, apercevoir en effet, sous les plis mouvants de ses blancs

» vêtements, une pauvre petite fille, encore vi-
» vante, mais qui essayait en vain de réveiller
» sa mère écrasée à ses côtés, la saisir, la prendre
» dans ses bras, la rapporter avec empressement
» à son capitaine, ce fut aussitôt fait pour le brave
» soldat que s'il s'était agi d'arracher encore un
» drapeau à l'ennemi, de remonter l'escarpe-
» ment de la brèche, ou, comme trois jours auparavant, de descendre dans les mêmes affreux ra-
» vins, du côté opposé, pour en retirer avec effort
» les pièces d'artillerie qui avaient roulé dans ses
» profondeurs.

« *Constantine*, car déjà son sauveur lui avait
» trouvé un nom, comme seuls ces braves gens de
» soldats savent en imaginer, *Constantine* fut aus-
» sitôt adoptée par acclamations par ceux de la
» compagnie qui avaient survécu à l'assaut et à
» l'effroyable explosion de la brèche encore fu-
» mante; un petit lit lui fut dressé, avec quelque
» sac de campement, dans la tente du comman-
» dant, et, chaque jour, jusqu'au retour de l'armée
» victorieuse à Bône, à l'appel de la compagnie,
» *Constantine* placée après le dernier grenadier,
» et non moins alerte que lui, dut répondre à son
» tour; présente.

« Arrivé à Bône, son capitaine, comme elle l'ap-
» pelait, la confia aux sœurs de St-Joseph; et du-
» rant quelques mois, elle y fut l'objet des plus
» tendres soins, de ceux que la charité seule peut

» inspirer! aussi ne cessait-elle de répéter en s'é-
» lançant au cou des sœurs, je devrais dire de ces
» mères: moi française et pas arabe, petite *Cons-*
» *tantine* française!

« Cependant Dieu permit que son père eût
« échappé aux périls de la guerre, et que rentré
» sous le toit de sa maison devenue déserte il en-
» tendit parler un jour de la petite pensionnaire
» des sœurs de Bône. Oh! quelle intelligence que
» celle que Dieu a donnée au cœur d'un père, et
» les saints nous disent que nul n'est père autant
» que lui!

» Et en effet quelques jours après, un cavalier
» couvert de sueur et de poussière sautait préci-
» pitamment en bas de son cheval aux flancs en-
» sanglantés, et l'attachait à l'anneau de l'humble
» porte de la maison de charité; peut-être était-
» ce quelque bédouin venu de loin, comme tant
» d'autres, pour faire panser de cruelles bles-
» sures, en attendant que de plus dangereuses en-
» core puissent l'être aussi; car la charité a un
» double baume.

« Mais non; il demeurerait dans le vestibule;
» il s'accroupirait sur cette natte; il n'insisterait
» pas, comme il le fait, pour entrer, pour pénétrer
» plus avant. Il semblait en vérité qu'il aurait ca-
» ché autrefois quelque trésor au fond de ce réduit,
» où il entraîne la sœur qui n'ose le retenir, tant
» sa démarche est étrange.... *Constantine* l'a en-

» trevu; et elle a poussé un cri déchirant de
» frayeur, et elle s'est cachée dans le sein, elle s'est
» collée contre le cœur de celle de ses mères qui
» veille plus particulièrement sur elle, en répétant
» avec force : moi française et non pas arabe.

« Pourtant le numide étonné, hors de lui, s'était
» arrêté à sa vue, prêt à défaillir de douleur ou
» de joie, car il n'est pas encore tout-à-fait sûr,
» jusqu'à ce que la petite fille, revenue, à cette
» douce place, de son premier effroi, voulant es-
» sayer de le regarder à travers ses petites
» mains, dont elle couvre encore son visage....
» C'était lui! c'était elle! qui en aurait douté, en
» la voyant tout-à-coup s'arracher des bras de la
» sœur, se jeter dans ceux du cavalier qui la
» couvre de ses embrassements et de ses larmes,
» en l'entendant crier d'une voix étouffée, comme
» s'il eût été nécessaire : moi arabe, et non pas
» française, Constantine arabe !

« Pauvre enfant! qu'es-tu devenue, depuis le
» jour où ton père te retrouva et t'emporta plus
» précieuse qu'un trésor, sur son coursier aux
» pieds impétueux et dont tu baisais la longue cri-
» nière? Lui aussi tu l'avais reconnu, et je ne sais,
» s'il ne te reconnaissait pas lui-même; tant il
» bondissait avec légèreté sous son double fardeau,
» en regagnant les plaines de la Seybouse?.. Tu ne
» t'arrêtas pas longtemps près du rocher du Rum-
» mel, je le sais; car j'ai prié pour toi et pour ton

» père, près de ton *douar* ; je t'ai béni en passant
» comme un agneau de mon troupeau ; car moi
» alors, français et arabe, parce que chrétien et
» évêque ! mais depuis.... Oh ! je sens bien que je
» le suis encore ! que je le serai toujours !

» Après avoir trouvé sur la terre le père que tu
» avais perdu, puisses-tu retrouver un jour au
» ciel celui qui te le rendit, qui te le donna deux
» fois, et dont tu disais, te le rappelles-tu ? en joi-
» gnant tes deux petites mains sur les genoux de
» la sœur, comme entre celles du capitaine qui
» t'avait appris le premier à bégayer son nom : Notre
» père, qui êtes dans les cieux ! Va, nul de ceux
» qui liront ces lignes, que je n'ai pas su te refuser,
» ne saura refuser de le prier pour toi avec moi ;
» ce ne sera pas en vain que tu auras sucé un ins-
» tant le lait du salut.... et j'espère qu'un jour,
» quand sera advenu le royaume de notre commun
» père, et qu'il m'aura pardonné mes offenses,
» comme je pardonne du fond de mon cœur à
» tous ceux qui auraient pu m'offenser, nous nous
» retrouverons pour ne nous plus quitter... adieu !

Après le dîner, le général avait pris en quelque
sorte, tant il fut poli, les ordres du prélat pour le
voyage à Sétif. Il conseilla de ne pas passer par
les camps de Milah et de Djmilah, et de prendre
la route des plateaux, itinéraire qui fut adopté par
Mgr Dupuch. Le général lui promit ensuite de donner des Spahis qui connaissaient bien le pays pour

nous accompagner dans toute la province. Nous eûmes en effet au départ une escorte composée en grande partie de ces indigènes, laquelle ne nous quitta qu'à Bône où nous devions nous embarquer pour Alger.

Quoique le voyage de Sétif fut arrêté et toutes les dispositions prises à cet égard, nous passâmes cependant plusieurs jours à Constantine. Le lendemain de cette brillante fête que le général Bedeau avait donnée au premier évêque d'Alger, Mustapha, jeune arabe de Constantine, converti à la religion chrétienne, vint me voir au palais. Il était habillé à la française et ses vêtements n'annonçaient pas l'aisance. Il me dit que depuis sa conversion les siens le délaissaient, qu'il n'était pas riche, mais qu'il se résignait à souffrir plutôt que d'abandonner la foi, qu'il avait eu le bonheur d'embrasser. Je fus touché de ce langage et des dispositions où je le voyais. Je lui proposai de l'amener à Oran qui devait être le lieu de ma résidence, et lui dis d'en parler au prélat pour obtenir son agrément. Mon intention était de lui enseigner le français, le latin, s'il l'avait voulu, et d'apprendre de lui l'arabe.

Je fis part à M. l'abbé Montéra de l'entrevue que j'avais eue avec lui, de son entretien, et de sa situation voisine du besoin. M. l'abbé Montéra en fut touché comme moi, et nous prîmes la résolution de voir le général Bedeau et de lui parler en sa faveur. Nous allâmes en effet le trouver, et en l'abordant, je lui dis : Hier, général, vous nous avez fait une admirable description de la prise de Constantine ; mais vous avez omis un point important. — Lequel, reprit le général ? — Vous avez oublié de nous dire le nom du colonel qui entra par telle rue, et je nommai la rue par laquelle il était entré. Il nous regarda et sourit.

Nous exposâmes ensuite le but de notre visite. Nous demandions au général de faire rendre à Mustapha des maisons qui avaient appartenu à sa famille, ou si celles-là ne pouvaient pas lui être restituées, soit parce qu'elles avaient été ruinées pendant le siège, soit parce qu'elles étaient occupées par l'armée, de lui en faire attribuer d'autres, qui avaient été abandonnées par les possesseurs et qui étaient tombées aux mains de l'Etat. Le général Bedeau accueillit notre demande avec une grande bonté, promit de régler l'affaire des maisons selon notre désir, et ajouta avec une exquise bienveillance qu'il avait à sa disposition des fonds destinés aux indigènes et qu'il en userait pour secourir le jeune Mustapha. Mais le prélat qui avait été l'instrument dont Dieu s'était servi pour faire briller à ses yeux la lumière de l'Evangile, fit beaucoup mieux que je ne pouvais faire, et rendit même inutiles les bonnes intentions du général en ce qui touchait les maisons. Avant de partir pour Sétif, il lui donna l'argent nécessaire pour acheter un costume arabe

complet et, à notre retour de Sétif, il le prit avec
lui. Depuis cette époque le jeune Mustapha nous
accompagna dans tous nos voyages, et, dans l'in
tervalle, il vivait à l'évêché, et était admis à la
table épiscopale. A Constantine sa patrie, vêtu
comme ceux de sa nation, il présenta l'eau au prélat pendant la messe. Sa présence parmi nous
compléta la petite caravane, et lui donna tout-
à-fait la couleur locale. Puisque j'ai commencé
son histoire, je l'achèverai, persuadé qu'elle ne dé-
plaira point au lecteur; je réserve seulement les
détails de voyage.

Lorsque l'apôtre de l'Algérie visita pour la première fois Constantine, Mustapha n'était qu'un enfant. Il vint à l'église, comme beaucoup d'autres
arabes, vit le prélat revêtu de ses riches ornements, la mitre en tête, la crosse à la main. Les
impressions sont vives à cet âge: la figure du pontife, tel qu'il l'avait vu, se présentait sans cesse à
son imagination et il commença à rêver au projet
qu'il exécuta bientôt. Un jour, il échappe à la sur-
veillance de sa famille et va droit à Bône, où il avait
des parents; il fut bien reçu, car on ignorait son
dessein ; il essaya, à l'insu de ses parents, de monter à bord d'un bateau à vapeur partant pour Alger; il ne réussit pas. Cependant on arrive de Constantine, on avait des soupçons ; on le questionne,
il avoue la vérité. On l'enferme alors dans un cachot pieds et poings liés, et on ne lui donne de

6*

nourriture que ce qu'il faut pour l'empêcher de mourir. Les parents de Constantine repartent le laissant à ceux de Bône pour l'amener à d'autres sentiments.

Dans cette situation, il feint de céder à la rigueur et joue le corrigé. Ses parents lui rendent la liberté. Il prend le chemin de Constantine où il fait semblant de retourner. Bientôt il revient sur ses pas. Il épie un autre bateau à vapeur qui chauffait pour Alger, demande à être reçu dans un canot, est refusé, parce qu'il n'avait pas d'argent. Alors il se jette à l'eau pour arriver au bâtiment. Le capitaine, témoin de cette scène, le fait admettre et ordonne qu'on prenne soin de lui.

Il arrive à Alger, court à la cathédrale, se met auprès du bénitier, fait des signes au premier prêtre qu'il voit passer, le suit à la sacristie, et là, par ses gestes, tâche de faire comprendre qu'il veut se faire chrétien et voir le grand marabout. On le mène à Mgr Dupuch. L'apôtre des arabes l'accueille avec transport : c'est un de mes enfants, dit-il, et il sent ses entrailles émues. On l'interroge plus en détail, on s'assure de ses dispositions, on l'instruit, on le baptise et le voilà chrétien. Plus tard, Mgr Dupuch fait un voyage à Bordeaux, sa patrie; il emmène avec lui le jeune Mustapha et lui fait faire sa première communion. Il lui donna ensuite une place dans son petit séminaire; mais les direceurs de cette maison ayant quitté l'Algérie et le prélat en attendant d'autres, le jeune homme s'était retiré à Constantine où nous le trouvâmes. J'achève en deux mots son histoire.

Il nous suivit dans toutes nos courses, habita l'évêché, comme je l'ai dit, et en lui nous pûmes étudier à fond le caractère arabe. Il s'était attaché à monseigneur Dupuch qui avait toute sa confiance; il l'aimait beaucoup, mais n'aimait guère que lui. Il n'était pas encore très-avancé dans la connaissance de la religion; mais il était pieux, avait confiance dans la sainte Vierge et nous demandait souvent de prier pour lui. Les pompes religieuses faisaient sur lui une vive impression; il en pénétrait moins bien l'esprit. Nous nous en étonnions, et je trouve aujourd'hui que nous étions injustes. A peine sorti de la religion mahométane qui accorde tout aux sens et rien à l'âme, il ne pouvait pas s'élever tout d'un coup à la contemplation des mystères ni à la pratique des vertus chrétiennes, comme le font les élèves de nos petits séminaires, accoutumés à les méditer et à s'y exercer chaque jour. Vers l'époque où Mgr Dupuch donna sa démission, le jeune arabe quitta le palais épiscopal, retourna à Constantine et obtint une place d'interprète de 2e classe dans les bureaux arabes. Pauvre Mustapha! puisse mon pays, par un avancement qui me semble bien légitime, te récompenser de l'instinct précoce qui te porta vers nous et vers la foi chrétienne! Le jour où je l'apprendrai sera pour moi un jour de bonheur.

Nous profitâmes de notre séjour à Constantine pour en visiter les curiosités. Nous vîmes, sur la place où s'élève aujourd'hui l'hôpital des tronçons de colonne qui avaient appartenu à l'ancienne église bâtie par Constantin. Sur cette même place nos ouvriers coupaient en quatre pour les mettre en œuvre les pierres romaines qui provenaient de cette même église ou d'autres édifices. C'était le seul moyen de s'en servir. Nous admirâmes les citernes dont l'intégrité était parfaite, mais le génie français était venu se mêler au génie romain. Nos architectes avaient jeté une voûte entre celle des citernes et le sol, et d'un étage en avaient fait deux ; ensuite par dessus, ils avaient construit de vastes magasins ou des logements militaires. Ainsi l'édifice, romain par la base, mêlé au milieu, était uniquement français par le haut. Notre œil plongeait avec effroi dans les abymes du Rummel ; nous nous plaisions à voir voler au dessus ou entre ces deux murailles de roches les oiseaux de proie dont nous apercevions les nids en face de nous. Nous examinions avec curiosité l'endroit où le Rummel disparaît sous les roches pour reparaître un peu plus bas, et nous nous demandions avec surprise combien il avait fallu de temps à ce cours d'eau, violent pendant la saison des pluies, mais faible en été, pour se frayer une route à travers ces deux montagnes, se creuser un lit si profond, et s'ouvrir encore un chemin souterrain au fond de ces abymes.

Nous descendîmes sous les arches du pont d'El-cantara (1) et nous y cherchâmes en vain le tombeau qu'une fille pieuse avait élevé à Pompée. Ce tombeau avec une inscription latine gravée sur la pierre existait au moment de la prise de Constantine : il a disparu. Nous aurions voulu demander à ces pierres si les os du grand Pompée étaient venus reposer sous ces arceaux gigantesques, ou si elles ne recouvraient qu'un homme vulgaire qui portait un nom illustre. Il se pourrait à la rigueur qu'une fille de Pompée qui vint se réfugier à Utique eût recouvré les restes de son père et leur eût donné là un asyle inviolable. En examinant la porte qui lie le pont à la ville et qui est une véritable forteresse, notre pensée se reporta sur les braves qui succombèrent en cet endroit lors de la première attaque de Constantine. Après avoir traversé le pont, nous montâmes jusqu'aux grottes du Mansourah où nos malades et nos blessés, chargés sur des prolonges, furent dans cette fatale expédition enveloppés par une nuée d'arabes et impitoyablement égorgés.

C'est par ce côté qu'arrivent les eaux qui abreuvent Constantine. Le canal qui va les prendre à deux lieues de là environ s'arrêtait non loin des grottes, à l'époque de notre voyage : depuis lors,

(1) C'est un pléonasme que nous faisons : el cantara, signifie le pont ; et quand nous disons le pont d'El-Cantara nous disons le pont du pont.

il a franchi le Cantara et les eaux alimentent aujourd'hui sur la place une belle fontaine. Constantine française n'a rien à envier à la Constantine des Romains.

Le jour du départ venu, la caravane se met en route. Le P. Rigault, curé de Constantine, en faisait partie. Nous avions marché une heure environ, lorsque les spahis nous firent remarquer un arbre, et nous dirent en riant : saluez-le. Nous demandâmes pourquoi, et ils répondirent : par ce que vous n'en rencontrerez plus jusqu'à Sétif. En effet nous marchâmes trois jours pour y arriver sans en découvrir un seul. Dans une de nos haltes, une tribu nous apporta les débris d'une petite charrue qui ne pouvant plus servir avait été mise en pièces. Grâce à ces débris, nous pûmes faire la soupe à l'oignon.

Ce pays pourtant est magnifique. Nous allions par le sommet des montagnes ; mais ces sommets, au lieu de se resserrer en dos d'âne et de présenter des crêtes étroites, s'étendent au loin à droite et à gauche et forment d'immenses plaines, où la terre végétale a souvent plusieurs mètres de profondeur. Si les arbres manquent, ce n'est pas la faute de la nature, mais de l'homme. L'arabe arrache et ne plante pas. Il ne lui faut que de l'herbe pour ses troupeaux et la terre en produit là abondamment. Nomade et passant souvent d'un lieu à un autre, il n'a aucun intérêt à planter des arbres dont d'autres cueilleraient les fruits.

Nous étions en novembre ; c'est le printemps de l'Algérie. La terre était partout couverte d'une verdure naissante et les fleurs s'épanouissaient de tous côtés, riches de ces couleurs éclatantes dont les pare le soleil d'Afrique. La marguerite s'étalait en nappes sous nos pas et attirait nos regards par son blanc mat et cette nuance de rouge tendre qui parfois borde sa feuille. Que de fois en parcourant des yeux ces terres si riches, si fécondes, nous nous sommes écriés : Quel prince favorisé du ciel jettera dans ces contrées un peuple de cultivateurs? La France regorge d'habitants: sa population augmente chaque année de deux cent mille âmes, tous les cinq ans d'un million. Les produits du sol croissent-ils dans cette proportion? Pourquoi ne pas prendre ce qui est de trop là pour le transplanter ici? Nos orphelins, nos orphelines surchargent la mère patrie à laquelle ne les attache aucun lien de famille. Ici sous l'influence salutaire de la religion et dans l'amour du travail, ils vivraient dans l'abondance et nous enverraient de leur superflu le blé qui nous manque. L'Afrique deviendrait le grenier de la France comme elle fut autrefois le grenier de l'empire Romain.

Qu'on nous pardonne ici une digression. A l'époque où le duc d'Aumale vint en Algérie en qualité de gouverneur général, on disait: ce prince a six ou sept millions de revenu ; en consacrant un million à l'acquisition des plus belles propriétés dans les trois provinces, un autre à la construction des édifices nécessaires ou à l'exploitation des terres, il se créera ici une fortune égale ou même supérieure à celle qu'il possède en France, et sera le véritable fondateur de la colonie. Les chefs dans l'armée, dans la magistrature, dans l'administration se feront un devoir de l'imiter; les grandes fortunes de France et de l'étranger arriveront ensuite, et le sort de la colonie est assuré. Cette pensée ne lui vint pas, et il ne se trouva personne pour la lui suggérer. Quelque temps après, lorsque Louis-Philippe prit le chemin de l'exil, je vis ce jeune prince et son frère le duc de Joinville quitter le palais des Gouverneurs, traverser à pied la place du gouvernement et la rue de la Marine, et s'embarquer eux aussi pour la terre étrangère. La population était calme et silencieuse; point d'insulte, mais point non plus de démonstration en leur faveur. Or, si le projet dont nous parlions tout-à-l'heure eut reçu son exécution en temps utile, les choses ne se seraient point passées ainsi. La colonie tout entière se serait levée comme un seul homme pour retenir le prince; l'armée eût peut-être secondé ce mouvement, et la Régence du comte de Paris pouvait se constituer. Mais laissons le passé avec ses fautes et ses ruines, et tournons nos regards vers l'avenir qui nous rit.

Un jeune prince vient encore de prendre les

rênes de notre empire africain. Il porte le plus grand nom de ce siècle; ce nom, ses éminentes qualités, les mesures qu'il a déjà prises en faveur de ce pays : tout annonce que la gloire qui a échappé à une autre dynastie lui est réservée. Déjà, grâce à sa puissante initiative, un établissement Thermal qui doit égaler, surpasser peut-être le monument que les Romains avaient élevé à Calame, est décrété; six nouvelles sous-préfectures et cinq commissariats vont donner une vie nouvelle à l'action civile là où elle existait déjà, et l'étendre à des territoires qui ne la connaissaient pas encore; bientôt sans doute deux évêchés nouveaux, ajoutés à celui d'Alger, devenu lui-même archevêché, consoleront la longue viduité d'une église qui du temps des Romains comptait plus de trois cents sièges épiscopaux dans la seule partie que nous possédons. Ah! puisse le ciel ramener les jours anciens, et, tandis que l'Angleterre est menacée de perdre son empire des Indes, donner au prince Napoléon la gloire de consolider et d'étendre le nôtre en Afrique !

Mais revenons à notre voyage. Nous fîmes halte sur l'emplacement d'une ancienne station romaine. Le lieu avait été, comme tous ceux que ce peuple a occupés, admirablement choisi. Une pente douce menait à un ruisseau qui courait tout autour du fort ou de la ville dont les ruines sont encore là. Une belle prairie, qui a sans doute pris la place des maisons, se prolongeait jusqu'au cours d'eau. A peine fûmes-nous descendus que nos spahis apportèrent nos cantines. Le premier objet qu'on en tira fut le superbe homard de Philippeville que les dîners du général Bedeau avaient fait oublier. Il sera gâté, disaient les uns; non, répondaient les autres. Vite on le démembre, on goûte, il était délicieux et fit presqu'à lui seul les frais du déjeûner. Il y avait dans Mgr Dupuch une source intarissable de gaîté, surtout dans ces voyages. Comme nous jetions les débris du poisson sur la pelouse: prenez-garde, dit-il, de les trop briser; conservons-les intacts, autant que possible; nous les placerons dans un endroit apparent. Le premier touriste qui passera les recueillant s'écriera dans son enthousiasme: voilà à ne pouvoir en douter les restes d'un poisson. Donc la mer a occupé le lieu où je suis!

Tandis que nos chevaux achevaient de manger, nous montâmes vers la cime du coteau à l'endroit où sont des ruines; en les parcourant nous nous arrêtâmes sur un édifice dont les murs, rasés à fleur de terre, laissaient aisément saisir le dessein. Nous distinguions la porte; on suivait sans peine les murs latéraux et même les compartiments intérieurs qui semblaient indiquer des chambres. Là peut-être avait habité un de ces chefs que les Romains appelaient *præses*.

Cependant les soldats du train que le général Bedeau avait joints à nos spahis avaient rechargé les cantines sur les mulets; les spahis avaient mis la selle à nos chevaux. Ils nous tiennent la bride et nous montons. Nous continuons notre course à travers ce beau pays. Nous avions sous les yeux tantôt de belles prairies naturelles, tantôt des champs cultivés par une tribu arabe et où le chaume était encore sur pied. Parfois nous rencontrions des tronçons de voie romaine; tout à coup ils nous échappaient et puis reparaissaient encore. Le chardon s'élançait de tous côtés sous nos pas et accusait par sa force la richesse du sol. Alors revenaient nos regrets et nous disions: pourquoi la France n'a-t-elle pas un village sur chaque station romaine et une belle route pour les relier ensemble? Dans la province d'Alger et d'Oran les routes sont difficiles et dispendieuses; mais ici elles sont toutes faites; elles ne coûteraient rien, tant le pays est uni! Dans les autres provinces, surtout dans celle d'Oran, les Arabes aiment à guerroyer; ici ils sont pacifiques et doux comme des agneaux. C'était cette province qui nourissait l'Italie. Quand donc encore une fois la France où l'on se met en procès pour un pouce de terre, viendra-t-elle occuper ces vastes, ces incommensurables surfaces qui, à l'exception des lambeaux de la culture arabe, reçoivent sans fruit, d'un bout de l'année à l'autre, les rayons du soleil et les bienfaits de la pluie? Pourquoi des familles nombreuses, qui ont de la peine à vivre sur les terres resserrées qu'elles cultivent, n'envoyent-elles pas ici leurs surnuméraires, ou plutôt pourquoi n'y viennent-elles pas tout entières? C'était toujours le refrain de notre chanson, et toujours le vent l'emportait.

Le soir, mais de bonne heure, nous rencontrâmes un cours d'eau et on s'arrêta. Quelques-uns demandaient pourquoi on s'arrêtait sitôt; c'est, répondirent les spahis à peu près maîtres ici comme nos zouaves dans la province d'Alger, c'est qu'il y a de l'eau et que plus loin nous n'en trouverions pas. De plus nous étions dans le voisinage d'une tribu à leur convenance et qui du reste nous traita bien nous-mêmes.

C'est ici qu'on nous apporta les débris de cette charrue dont j'ai parlé plus haut. De plus nous cûmes de la paille pour étendre dans la tente et reposer dessus; c'était jour de fête qui ne se renouvela qu'une fois ou deux dans le reste de nos courses. Ainsi que je l'ai dit, les arabes de cette province, sont très pacifiques. Ils nous accueillaient partout non comme des étrangers et des vainqueurs, mais comme des amis. Ils se mêlaient à nous, et témoignaient du plaisir à voir le grand marabout (l'évêque) et les petits marabouts (les prêtres) qui l'accompagnaient.

Le lendemain, même route, même spectacle, mêmes plaintes. Dans la journée, quelques heures après avoir quitté notre halte du matin, nous entendîmes des détonations lointaines. Quelqu'un dit avec une sorte de stupeur: ce sont des coups de fusil. Non, reprit un autre, vous vous trompez; et nous continuâmes à marcher. Quelques instants après, et lorsque nous eûmes dépassé une légère ondulation de terrain, les détonations devinrent si sensibles qu'il n'y eut plus moyen de s'y méprendre. Qu'est-ce donc, disions-nous? Des coups de fusil, et nous n'avons pas un soldat de ce côté, jusqu'à Sétif dont nous sommes encore éloignés, et tout ce pays est tranquille. Nous eûmes bientôt le mot de l'énigme. Comme nous descendions une pente douce, conduisant à une immense vallée, nous aperçûmes devant nous des arabes à cheval qui la remontaient et avec qui nous allions nous croiser. Arrivés près de nous, ils s'approchent et nous montrent un enfant ensanglanté qu'ils emportaient avec eux et l'un d'eux nous présenta même un fragment du crâne qu'il tenait à la main. Ils nous faisaient des signes en nous montrant le fond de la vallée. Les spahis nous eurent bientôt mis au courant et nous dirent qu'il y avait là une tribu nombreuse qui célébrait des noces (il y en avait vingt-deux à la fois) lesquelles entraînent de grandes fêtes chez les Arabes; que les cavaliers courant et tirant des coups de fusil en signe de joie, l'un d'eux avait par mégarde laissé une balle dans le sien et que la balle ayant atteint l'enfant à la tête lui avait brisé le crâne. La malheureuse famille quittait la fête et emportait l'enfant qui se mourait.

Nous pûmes bientôt vérifier par nous-mêmes l'exactitude de ce récit. A mesure que nous approchions, non seulement nous entendions la fusillade, mais nous voyions caracoler de magnifiques cavaliers, superbement vêtus et dont les chevaux étaient couverts de housses de soie aux couleurs éclatantes, lesquelles flottaient et s'allongeaient de plusieurs mètres derrière le coursier, lorsque celui-ci était lancé au galop. En un mot, ils faisaient une de ces courses à cheval qu'ils appellent *fantasia*(1). Rien ne représente mieux nos anciens chevaliers et leurs brillants tournoisque le cavalier arabe et sa *fantasia*. Seulement nos preux étaient bardés de fer, tandis que les cavaliers arabes sont enveloppés d'amples vêtements de laine ou de soie, qui voltigent au gré des vents et du mouvement de leurs chevaux.

Dès que nous approchâmes de la tribu, les chefs vinrent saluer Mgr Dupuch. Ils lui disaient par

(1) Les arabes ont emprunté ce mot aux Espagnols: ceux-ci le tenaient des Latins qui l'avaient pris aux Grecs. Un poëte de cette nation l'avait donné comme nom propre à un de ses personnages à l'humeur inconstante et capricieuse. Ce nom propre devint un nom commun qui passa des Grecs aux Latins, des Latins aux Français, aux Espagnols et aux Arabes; et voilà comment la *fantaisie* d'un poëte, j'emploie ce mot à dessein, a fait le tour du monde.

nos spahis qui servaient d'interprètes : tu es notre père ; demeure parmi nous ; plus longtemps tu resteras, et plus nous serons contents. Le prélat répondait : vous êtes mes enfants ; je planterai ma tente pour passer la nuit au milieu de vous ; mais le général m'attend à Sétif, et ils insistaient encore pour qu'il passât quelques jours dans la tribu. Cependant la *fantasia* allait son train. Les plus beaux cavaliers s'éloignaient des deux côtés du chemin que nous suivions ; puis à une certaine distance faisant volte-face lançaient leurs chevaux au galop pour revenir vers nous. Ils étaient debout sur leurs larges étriers, et, sans toucher à la bride, maniaient leurs fusils comme s'ils eussent été à terre. Au galop, ils ramassaient une cravache, un mouchoir que l'un d'eux avait laissé tomber à dessein. Ainsi lancés ils arrivaient sur la petite caravane et déchargeaient leurs armes sous les pieds de nos chevaux. Ils ne font cet honneur qu'aux grands, et c'était un hommage rendu au prélat. Ils nous donnèrent par deux fois ce magnifique spectacle ; car à notre retour de Sétif, la fête durait encore et les mêmes cérémonies nous accueillirent au passage.

Nous dépassons les tentes et allons camper par-delà un petit ruisseau qui nous séparait d'elles. Les Arabes affluent autour de nous ; nous causons avec eux, comme si nous les connaissions depuis longtemps. Nous causons n'est pas le mot ; nous baragouinons. Ce sont des signes entremêlés de quelques mots arabes que nous avons appris par-ci par-là. Les spahis viennent parfois à notre aide. Pendant tout ce désordre, j'avais en descendant déposé à terre une cravache. Cette malheureuse cravache avait à la poignée un anneau de cuivre dont le rouge perçait à travers la légère couche d'argent qui le recouvrait. C'en fut assez pour tenter un arabe et la cravache disparut. Les spahis qui connaissent leurs compatriotes mieux que nous n'avaient pas encore, comme ils le firent bientôt, tracé autour du camp des limites qu'il ne leur était pas permis de franchir. Quand elles furent tracées, oubliant ma cravache et ne me souvenant plus que du pain de sucre distribué aux arabes des environs de Tasa, je cours à la tente en couper un morceau et reviens à mes arabes. Au moment où j'allais le donner à un jeune enfant porté sur le bras, par un grand jeune homme d'une vingtaine d'années, celui-ci saisit le sucre entre mes doigts qu'il meurtrit, se l'adjuge, et en fuyant fait semblant toutefois de vouloir le donner à l'enfant. Tel est l'arabe : cupide au dernier point, il ne résiste pas à la vue de l'or, de l'argent, ou de tout autre objet qui le tente. J'en ai eu pour mon compte des preuves étonnantes. Enfant de la nature, il en éprouve tous les appétits et ne sait pas demander à la terre ou à l'industrie de quoi les satisfaire. En même temps il est hospitalier, et l'offre de ces chefs dont nous venons de parler était sincère; ils nous auraient volontiers, comme à Tasa, reçus sous la tente et retenus plusieurs jours. La preuve de ce que j'avance ici, c'est qu'en même temps que se passaient ces deux évènements, on apportait sous notre tente des poules, des œufs, du beurre, et un coq dont le plumage était tout blanc. Mgr Dupuch pour faire honneur à ses hôtes du lendemain le fit porter vivant à Sétif.

Le prélat demanda du papier, se mit sur ses genoux devant la cantine et écrivit au général Latour-Dupin que le lendemain il aurait l'honneur de le saluer à Sétif. Un spahis porta la lettre le soir même. Après avoir soupé à la hâte, nous nous répandîmes autour de la tente d'où nous entendions des cris peu harmonieux, ou pour mieux dire, un charivari assourdissant, qui se faisait en l'honneur des vingt-deux mariages célébrés dans la tribu. Notre caractère et l'habit que nous portions, nous interdisaient de voir la fête de trop près. Le jeune artiste qui accompagnait avec nous Mgr Dupuch n'avait pas et ne devait pas avoir les mêmes scrupules; il se promena assez longtemps dans la tribu et vit des choses dont il ne crut pas pouvoir nous rendre compte en détail. Ce jour là fut encore un jour de fête, et il nous fut donné de coucher sur la paille.

Le lendemain à l'aube, nous nous étions remis en route et nous allions bon train. La joie saisit toute une

7

caravane, hommes et chevaux, quand on approche
du terme, surtout lorsqu'on a marché à travers un
pays presque désert, comme nous venions de le faire.
Je prie le lecteur de me pardonner les détails qui
vont suivre ; ils serviront à expliquer un évènement dont j'aurai à parler plus tard. Le jeune
artiste et moi nous étions bien montés. Il nous
prit fantaisie de devancer la caravane, et de
parcourir en liberté ces riches et vastes solitudes.
A la distance où nous étions de Sétif nous ne
pouvions nous égarer ; avec l'agrément du prélat
nous partons. On dispute d'abord sur le mérite
des chevaux, puis il y a, je ne sais de quel côté,
provocation ; et voilà nos chevaux lancés au galop.
Quand nous arrivions sur la croupe d'une de ces
collines douces qui rompent un peu la monotonie
de ces larges plateaux, nous arrêtions nos chevaux et descendions au pas jusqu'au bout de la
pente ; puis nous les relancions de plus belle.
Nous allâmes ainsi pendant plus d'une heure. La
caravane nous avait perdus de vue, malgré l'immense horizon des plateaux. Le P. Rigault seul
dont la vue portait à une distance fabuleuse nous
apercevait de temps en temps comme deux points
noirs, et certifiait notre existence à la caravane.

Après avoir savouré longtemps les délices du
galop, plaisir qui me coûta bien cher, comme je
le dirai bientôt, nous nous trouvâmes en face
d'une cité romaine en ruines. Avant de la visiter,
nous nous égarâmes à dessein dans la plaine qui

se trouve au dessous, et ayant découvert une belle fontaine, qui sans nul doute abreuvait autrefois les habitants de cette ville, nous descendîmes de cheval et nous nous désaltérâmes avec délices en buvant à longs traits cette eau fraîche et limpide ; puis remontant nous allâmes visiter les ruines. Presqu'en y entrant nous trouvâmes le quart d'un pain français ; c'était pour nous un mystère, car nous étions encore à une grande distance de Sétif et il n'y avait pas là ame qui vive. Notre étonnement cessa quand on nous dit à Sétif que ces ruines, où nous avions admiré de magnifiques pierres et des blocs énormes taillés par les Romains, étaient comme une carrière d'où l'on tirait une partie des matériaux nécessaires pour les grands édifices alors en construction dans cette dernière ville. Nous nous assîmes sur ces ruines, comme autrefois Marius sur celles de Carthage, mais moins à plaindre que lui. Nous fîmes en attendant la caravane de graves réflexions : les Romains, disions-nous, ont étendu jusqu'ici leur empire, ils y ont possédé une riche province. Ces ruines qui gisent là en sont une preuve frappante. Les Français qui leur ont succédé refairont-ils ce qu'y avaient fait les vainqueurs du monde ? Ils ont pour y réussir des moyens qui manquaient aux Romains : avec la vapeur ils sillonnent en se jouant la Méditerrannée que les premiers mettaient longtemps à traverser et où s'engloutissaient si souvent leurs vaisseaux. Ils avaient créé sur ces plateaux des routes dont nous avons tant

de fois dans ce voyage retrouvé et admiré les res_
tes. Les Français peuvent facilement, quand ils
le voudront, les couvrir de rails et de wagons. La
culture des Romains était peu avancée. Outre le
blé et le vin, les Français peuvent transplanter ici
la plupart des végétaux du Nouveau-Monde et des
régions tropicales. Pendant que nous évoquions
ainsi le passé et sondions l'avenir, la caravane arrivait. Nous cherchâmes nos chevaux qui erraient
dans ces ruines où nous les avions laissés en liberté, et rejoignîmes le prélat. Pour nous confor-
mer à son désir, nous lui racontâmes nos défis,
nos courses, nos découvertes, et il y prit plaisir.

A une lieue de Sétif, en sortant d'un de ces plis
de terrains dont j'ai parlé, nous aperçûmes devan
nous et à une assez grande distance un groupe su
perbe de cavaliers. C'était le général Latour-Dupin
qui venait avec son état-major à la rencontre du
prélat. Nous nous abordons de front; on se salue
avec enthousiasme, car notre arrivée parmi ces
braves si loin de la patrie, était la cause d'une véritable joie. Aussi outre le respect dont ils environ
naient Mgr Dupuch, ils nous accueillaient tous avec
un air de fête et de bonheur. Le général prit place à
côté du prélat, les autres entrèrent dans nos rangs, et
cette large ligne, sur une voie naturelle plus large
encore, s'avança vers Sétif. La conversation était ani_
mée comme entre amis qui se retrouvent et ne
s'étaient pas vus depuis longtemps. Après les pre-

miers compliments avec l'officier qui s'était trouvé
en face de moi, je lui demandai s'il connaissait le
capitaine Champanhet, et si ce dernier était toujours
à Sétif. C'est moi, me dit-il. Nous nous serrâmes la
main avec effusion et la conversation devint encore
plus vive entre nous que dans le reste de la caravane (1). Notre entretien était si animé, que
Mgr Dupuch l'ayant remarqué, voulut savoir si je
connaissais cet officier; je m'approchai alors, saluai
le général et racontai au prélat ce qui venait d'arriver.

Cependant nous entrons dans Sétif, et remar-
quons en passant les débris de l'ancienne église ;
les colonnes en avaient été conservées et ornaient
la nouvelle, petit mais gentil édifice que nous devons ainsi que le presbytère au bon goût de
M. Champanhet, ce capitaine de génie, dont je
parlais tout-à-l'heure. Chargé d'en diriger la construction et l'ornementation, il avait mis à profit
l'habileté d'ouvriers parisiens qui faisaient partie
des troupes envoyées à Sétif. Outre les colonnes de
l'ancienne église qu'il avait eu soin de faire entrer
dans l'édifice nouveau, il avait eu aussi l'attention
de faire recueillir et placer dans les murs extérieurs
de la nouvelle église, à une hauteur qui permettait

(1) Outre que ce brave était de mon département, j'avais
eu à Paris de longs et intimes rapports avec M. Champanhet,
le député, son parent.

de les lire sans peine, des inscriptions grecques qu'on peut y voir encore. Il y avait dans l'église un bénitier admirablement sculpté ; c'était l'œuvre d'un de ces ouvriers parisiens ; les boiseries qui régnaient tout autour étaient travaillées avec autant de goût que celles de nos vieilles églises de France. L'autel en bois était d'une élégance parfaite. Je lus sur la porte du tabernacle les quatre lettres qui dans la langue hébraïque forment le nom de Dieu, Jéhovah, nom redoutable que l'Israélite ne prononce jamais. Ces lettres étaient mal faites, comme dans la plupart de nos églises. Je les envoyai plus tard au capitaine Champanhet, bien moulées et de la grandeur quelles devaient avoir à cette place. Ces nouvelles lettres auront sans doute ainsi qu'il me l'avait promis remplacé les premières.

Le presbytère est une maison fort simple, composée d'un rez-de-chaussée et d'un premier ; ce qui le rend remarquable, c'est qu'il est adossé à l'église, et à cheval sur une belle fontaine où tout le quartier vient s'abreuver. Il n'y avait pas un meuble, mais grâce à une lettre que le P. Brumaud, célèbre depuis par la direction des orphelins en Algérie, m'avait donnée pour M. Cru, officier de campement, j'eus dans ce presbytère, qui fut mon asyle pendant notre séjour à Sétif, deux bons matelas et des draps, plus les autres meubles du prophète, c'est-à dire, une chaise, une table et un chandellier.

Je dormis à merveille sur ces matelas étendus à terre, sauf les crispations que me causa la première nuit le café de notre hôte; je m'en abstins les jours suivants; et, comme je me plaignais au général de sa violence: mon maître d'hôtel, me dit-il, fait bien le café, n'est-ce pas?

Mais je reviens à notre entrée. A mesure que nous avancions dans Sétif, le marteau du tailleur de pierres venait de toutes parts frapper nos oreilles. Nous ne pouvions qu'avec peine marcher à travers les blocs énormes dont était semé le vaste emplacement où s'élève l'hôpital. Sétif avec ce bruit et tous ces édifices qui sortaient de terre ou du milieu des ruines me rappela Carthage naissante et les vers du poëte:

> Miratur molem Æneas, magalia quondam :
> Miratur portas, strepitumque et strata viarum.
> Instant ardentes Tyrii; pars ducere muros,
> Molirique arcem et manibus subvolvere saxa ;
> Pars optare locum tecto et concludere sulco (1).
>
> *Enéid. liv. 4. vers 424 et suivants.*

Nous arrivons au palais du général, construction récente par exception, assez vaste et assez com-

---

(1) Enée s'étonne en voyant la masse imposante des édifices qui s'élèvent où étaient autrefois des cabanes ; tout le surprend, les portes, le bruit, les rues. Les Tyriens sont ardents à l'œuvre : les uns élèvent les remparts ou la citadelle et roulent avec leurs mains d'énormes rochers ; d'autres choisissent un emplacement pour leur demeure et l'entourent d'un sillon.

mode, laquelle cependant a dû, je le crois, faire place à un édifice plus régulier et plus complet. Le général relevait la brillante hospitalité donnée à Mgr Dupuch et à sa suite par ce bon ton et ces belles manières qu'on puise dans certaines maisons, et qui commencent à devenir rares. Il aimait les arts et les lettres, et parlait au jeune artiste d'un théâtre qu'il fondait à Sétif. Avec nous, il causait littérature et philosophie. En entrant dans la pièce qui servait de salon, des rayons de bibliothèque garnis de livres frappent mes regards. Je m'écriai : quoi! une bibliothèque à Sétif! Oui, me dit-il, et en même temps, il énumérait les ouvrages qui se trouvaient là et parmi lesquels un Virgile in-4°, avec force remarques. Virgile, m'écriai-je, que voilà, connaissait bien ce pays ; il avait recueilli des documents exacts, non seulement sur la côte qu'il a admirablement décrite, mais sur l'intérieur. Et où donc, me dit le général, Virgile parle-t-il ainsi de l'Afrique? Je mis la main sur l'in-4° et le feuilletant avec rapidité, je lus avec enthousiasme, ces beaux vers :

> ... Jamque volans apicem et latera ardua cernit
> Atlantis duri cœlum qui vertice fulcit ;
> Atlantis, cinctum assiduè cui nubibus atris
> Piniferum caput et vento pulsatur et imbri :
> Nix humeros infusa tegit ; tum flumina mento
> Præcipitant senis, et glacie riget horrida barba (1).

Enéid. liv. 4. vers 244 et suivants.

(1) Cependant Mercure dans son vol aperçoit le sommet

Je n'y avais jamais fait attention, me dit le général.
Depuis ce moment nous fûmes amis; nous agitâmes ensuite quelques questions philosophiques et
il m'offrit un petit volume sur St-Anselme, que je
conserve comme un précieux souvenir de la noble
hospitalité qu'il nous a donnée à Sétif.

A notre arrivée devant le palais du général,
des militaires prirent nos chevaux et les conduisirent dans les écuries de l'armée. J'appris bientôt que le mien était malade : une grosseur presqu'égale à une boule à jouer s'était formée sur la
croupe. La selle en était-elle cause ou les excès du
galop dans la journée précédente? Je ne sais. Les
vétérinaires de l'armée s'en emparèrent et le traitèrent avec soin pendant notre séjour.

Le lendemain de notre arrivée une imposante
cérémonie réunissait dans l'église ou autour de
son enceinte l'armée et la rare population civile de
de Sétif. La troupe rangée, sur des lignes parallelles remplissait la place. Mgr Dupuch avait étalé
tout le luxe de sa chapelle ambulante. Les Européens et les arabes circulaient autour de l'armée
et de l'église; en face de cette dernière, le mur

et les flancs abruptes d'Atlas qui soutient le ciel sur ses
épaules; d'Atlas, dont la tête couronnée de pins et toujours
entourée de nuages, est continuellement battue par les
vents et la pluie. La neige couvre ses épaules; du menton
du vieillard coulent des fleuves, et sa barbe est hérissée de
glaçons.

7ᵃ

élevé, dit-on, par Bélisaire, construit en pierres de
taille, haut et bien conservé encadrait ce tableau.
Un vieux tremble s'élevait, tout près de la porte,
témoin de tous ces mouvements et étonné d'un
spectacle qu'il n'avait jamais vu. Ce tremble était
le seul arbre que les français eussent trouvé à Sétif,
en y arrivant. Le tronc et les premières branches
étaient rongées par la dent des mulets et des chameaux que les arabes y attachaient, lorsqu'ils venaient au marché qui se tenait sur cette place. Ce
malheureux vieillard était menacé de mourir sans
postérité. Les Français l'ont sauvé ; ils ont coupé
dans l'arbre un grand nombre de tiges et les ont
transplantées dans le jardin d'essai (car il y avait
aussi à Sétif un jardin d'essai) et dans d'autres endroits. Grâce à eux, le tremble a des milliers d'enfants, et il nous devra l'immortalité.

Mais revenons à la cérémonie. Conformément
aux prescriptions du rituel, le pontife qui allait
consacrer la nouvelle église, en fit plusieurs fois le
tour, accompagné de son clergé, et aspergea les
murs d'eau bénite. Il récita ensuite devant la porte
les prières et les instructions prescrites. Arrivé à
l'endroit où le pontife parle au fondateur même de
l'église, il monta sur les degrés qui précédaient la
porte, et adressa à l'assistance ces éloquentes paroles : « comme les preux des temps passés, vous
vous avez élevé ici un temple au Seigneur et
bâti la maison de la prière. Le ciel en soit béni !

» et puisse-t-il en récompense verser sur vous ses bénédictions les plus abondantes! après avoir construit la maison du Seigneur, vous avez appelé son ministre pour la consacrer. Il est venu, et pour arriver jusqu'à vous, il a traversé des lieux, vierges depuis douze cents ans de tout vestige d'un pontife. Avant cette époque, si fatale à l'église, les pieds d'Augustin, d'Optat de Milève, qui n'est qu'à quelques pas de nous, avaient foulé ces routes romaines dont nous n'avons retrouvé que les restes. Mais ensuite quelle longue nuit! pendant plus de mille ans, c'est la destruction, le silence et la mort. Enfin d'autres temps sont venus; la France règne où Rome et Constantinople avaient commandé; en face de ces murs bâtis par Bélisaire, vous assistez à une cérémonie chrétienne. Quelle merveille! Glorieux défenseurs de la patrie, vous êtes aussi grands que le héros grec : il avait vaincu les Vandales; vous avez vaincu les arabes. Il avait restauré la vieille Sitifis, capitale de cette province, et vous faites sortir une ville française des ruines d'une cité romaine; gloire à vous! mais en élevant ces pompeux édifices où seront recueillis nos malades, ces palais où seront logés nos braves, en créant ces jardins qui vous donneront, outre leur ombre, des fruits délicieux, n'oubliez pas celui qui donne la fertilité à la terre et la victoire aux armées. Vous lui avez bâti un temple; vous avez élevé la maison de la prière; grâces vous en soient rendues encore une fois! Vous avez par une pensée qui fait honneur à votre intelligence et à votre cœur, recueilli les colonnes de l'ancienne église et en avez fait l'ornement de la nouvelle ; vous avez ainsi renoué la chaîne des temps. Vous avez fait appel à la bonne volonté d'ouvriers habiles que la providence avait envoyés ici à dessein ; sous leurs mains la pierre et le bois ont revêtu mille formes élégantes ; et quand le pontife vient ici pour consacrer ce monument, vous l'entourez d'attention et de soins. Glorieux général, chefs de tous les ordres et de tous les degrés, braves soldats, vous représentez dignement la fille aînée de l'Eglise, la nation française dont la religion au commencement porta le berceau dans ses bras, cette nation qui au temps des croisades, entraîna l'Europe à sa suite pour conquérir le tombeau de Jésus-Christ.

» Et maintenant achevez votre œuvre ! embellissez cette demeure, ornez-la pour que le culte divin y soit dignement célébré, et quand j'enverrai ici un prêtre donnez-lui non seulement le pain matériel de la vie, mais honorez-le, écoutez sa parole, et venez souvent prier dans ce temple que vous avez élevé au Très-Haut.

» Ainsi puisse le ciel bénir vos armes, vos familles et la France qui vous a envoyés ! Ce sont les vœux que je vais faire monter vers Dieu en achevant le sacrifice. »

Un silence profond régnait dans toute l'étendue de cette imposante assemblée, et permettait d'entendre distinctement un écho qui renvoyait avec une fidélité importune les dernières syllabes de chaque phrase. Je craignais que le prélat n'en fût troublé, tant le retour des sons était sensible, mais il n'en fut rien; il continua jusqu'au bout avec cette assurance et cette fermeté qui caractérisaient sa parole. Pendant le reste de la cérémonie la musique militaire exécuta des airs pieux, et que nous fûmes tout étonnés d'entendre à Sétif. Le prélat consacra cette église sous le vocable de Ste-Monique.

Après la messe eut lieu une autre cérémonie qui saisit vivement l'assistance, Le général avait parlé au prélat d'un militaire qui avait dessein de se marier et lui avait dit du bien de ce brave. Le mariage civil ou plutôt militaire, avait eu lieu ; je dis militaire, parce que dans tous ces postes éloignés où l'autorité civile n'avait pu encore être établie, l'autorité militaire la remplaçait et en faisait les fonctions .D'un autre côté les futurs époux avaient été convenablement préparés. Le pontife accorda les dispenses nécessaires et procéda lui-même à la bénédiction nuptiale. Ce militaire portait un nom dangereux pour la gravité de la cérémonie; il s'appelait Lapipe. Le prélat adressa aux époux quelques paroles prononcées d'une voix forte et entendues de toute l'assistance. Du même ton, pour avoir son consentement, il interpella le futur par son nom propre sans que le plus léger sourire vint errer sur ses lèvres ou sur le visage des assistants. Il s'en applaudissait plus tard comme d'un triomphe. L'écueil franchi, la cérémonie s'acheva avec toute la gravité convenable.

Au mariage succéda le baptême, et ici encore un incident léger vint se mêler à l'administration de ce sacrement conféré par le prélat. L'enfant poussait les hauts cris, si bien que l'église tout entière en était importunée. Un de ses assistants lui dit à l'oreille : Monseigneur, quand vous en serez au sel mettez lui en une bonne pincée dans la bouche : le moyen est infaillible pour le faire taire. Le prélat continua la cérémonie avec gravité et ne jugea pas à propos de suivre le conseil qui lui était donné. Dans la suite il prenait en riant le conseiller à partie. Celui-ci poussait sa pointe et alléguait Paris où il y a quelquefois dix ou douze baptêmes à la file les uns dés autres. Parmi tant d'enfants, ajoutait-il, il y en a quelquefois de criards comme celui de Sétif. Alors on double la dose de sel et l'enfant, pour se débarrasser de la salive que ce sel forme dans sa bouche, se tait et laisse l'assistance en repos. C'est ainsi que le prélat égayait ses compagnons de voyage et leur faisait oublier les fatigues et les périls de ces longues courses.

Le même jour on vint nous appeler pour un enfant malade. J'allai le voir, il était encore au berceau et ne pouvait parconséquent recevoir les sacrements. Mais les parents étaient chrétiens et dé-

sirèrent qu'un prêtre, puisqu'il s'en trouvait à Sétif,
vînt prier auprès de lui, ce que je fis. Ils eurent la
douleur de le perdre. Je ne l'accompagnai pas au
cimetière qui n'était pas encore béni et qui devait
l'être le lendemain ; mais j'allai en surplis et en
étole réciter auprès du berceau les belles prières
que l'Église a composées pour les funérailles des
enfants. La bénédiction du cimetière ne put avoir
lieu, à cause du temps qui fut mauvais et le prélat la réserva au prêtre qu'il devait bientôt envoyer
à Sétif.

Le général nous fit les honneurs du jardin d'essai.
De belles eaux distribuées avec autant d'art que de
goût en arrosaient toutes les parties. Nous étions
surpris de rencontrer dans une création si récente
tant d'essences diverses. Nous vîmes là de nombreux enfants de ce tremble voisin de l'église, seul
à Sétif, lorsque les Français y arrivèrent. Quelques
braves dormaient comme en Orient sous ces naissants
ombrages ; on nous dit leur gloire et nous priâmes
sur leur tombe.

Nous visitâmes aussi les greniers publics de Sétif. Ils regorgeaient de blé, produit de l'impôt que
l'arabe acquitte partie en argent, et partie en nature. Devant la porte et au moment où nous sortions, nous rencontrâmes des arabes qui apportaient leur part de la contribution en grain et en
tr'autres un qui s'approcha de Mgr Dupuch, et faisait forces signes en montrant son blé. Le pré-

lat ne savait pas d'abord ce qu'il voulait; mais les officiers, préposés à l'impôt et à la garde des magasins, expliquèrent bien vîte sa pensée. Monseigneur, dirent-ils, il vous montre son blé qui est beau, et veut vous faire voir qu'il paye l'impôt en grain de bonne qualité. Alors le prélat prit du blé dans la main, l'admira et dit à l'arabe: *meléh besef* c'est beau, très beau; et l'arabe se retira triomphant.

Le capitaine Champanhet voulut, si loin du pays natal, me donner l'hospitalité. Avec l'agrément du général, nous allâmes le jeune artiste et moi nous asseoir à la table des officiers qui était la sienne. On nous servit entr'autres choses des haricots verts cueillis dans le jardin dont je viens de parler. Le bon prélat par une délicatesse dont je fus bien touché honora mon compatriote d'une visite, et lui donna, suivant son usage, de belles médailles pour sa sœur.

Avant le départ, on demanda à Mgr Dupuch de bénir l'emplacement d'un village projeté dans les environs de Sétif. Le prélat ne se faisait pas prier, quand il s'agissait de remplir quelque fonction de son ministère. Visiter à l'extrémité de nos possessions un petit nombre de braves qui gardaient la frontière ou quelques familles de colons qui s'étaient aventurées à leur suite, bénir une place pour celles qui les suivraient, c'était son bonheur. On se prépare et bientôt une nombreuse cavalcade composée des officiers de l'armée, de simples soldats, d'habitants civils de Sétif est en route. Nous nous arrêtons, à une lieue environ, sur une vaste prairie au milieu de laquelle on voyait sourdre une source abondante, dont les eaux n'étant ni dirigées, ni recueillies, se perdaient dans l'herbe et formaient des mares. Le prélat se revêtit des ornements pontificaux et accompagné de ses deux assistants parcourut l'enceinte présumée, répandant l'eau sainte sur la terre et la mêlant à celle de la source. Nous vîmes dans cet endroit des restes d'édifices romains. On dressa un procès-verbal de la cérémonie, et le village futur prit le nom de St-Antoine, patron du prélat.

Avant de quitter Sétif, nous visitâmes en détail le mur d'enceinte qui remonte à l'époque de la restauration greco-romaine et qu'on appelle le mur de Bélisaire. Il est construit depuis le bas jusqu'au haut en pierres de taille, très grandes et parfaitement ajustées. Les Français l'ont continué pour clorre Sétif; mais le mur que nous avons ajouté n'est, devant ce majestueux rempart, qu'un mur de jardin. C'est derrière ce mur, en dehors de Sétif que se tient un immense marché; les arabes s'y rendent de vingt lieues à la ronde, et les Cabyles eux-mêmes viennent y apporter leurs denrées. Les officiers comptables et autres, chargés de terminer les différends, et de rendre la justice, en un mot, de maintenir l'ordre dans cette multitude, ont plus d'une fois couru le danger de la vie dans l'exercice de ces difficiles fonctions.

D'un point de ce vaste champ de foire on nous fit voir le commencement d'un cours d'eau qui va se perdre dans la mer derrière Bougie. La distance de cette dernière ville à Sétif n'est que de douze ou quinze lieues, et nous avions fait, sans compter le trajet de Philippeville à Constantine, depuis cette dernière ville seulement, trente-cinq ou quarante lieues pour y arriver. Mais la Kabylie n'était pas encore ouverte, et ce long détour avait été nécessaire pour atteindre l'ancienne Sitifis, capitale de la province Sitifienne à laquelle elle donnait son nom. Elle l'est aujourd'hui et une route commencée entre Bougie et Sétif, peut-être achevée à l'heure qu'il est, amènera par un court chemin dans ces riches contrées les colons, les instruments aratoires, les bois de construction, etc, et par elle encore leurs produits s'écouleront aisément vers Alger et vers la France.

Il fallut enfin songer au départ. Mon cheval était toujours malade ; la bosse qu'il avait sur le dos était diminuée, mais non disparue. Nous l'amènions avec nous, sans pouvoir le monter. Un capitaine m'en fit prêter un de l'armée ; mais comme l'officier gardait la chambre pour cause de maladie, il ne put le voir lui-même. Or, ce cheval était resté à l'écurie pendant trois mois. Je subis ces caprices, même à Sétif ; il ne suivait pas la route ; je le

laissais faire. Quand il eût rejoint la grande cavalcade, et tout le temps qu'il se trouva parmi les autres chevaux, il fut maintenu, et ne fit pas le ré-
calcitrant. J'ai dit la grande cavalcade ; car le général, son état-major, les médecins et même les
habitants civils de Sétif étaient montés à cheval
et accompagnaient le prélat. Cette magnifique escorte vint jusqu'à l'endroit où elle l'avait reçu quelques jours auparavant. Là elle s'arrêta ; on se dit
adieu et le général fit espérer à Mgr Dupuch qu'il
le reverrait bientôt. En effet quelques jours après
le général Latour-Dupin quitta Sétif et revint à
Alger.

Nous traversâmes de nouveau, mais sans nous
arrêter la tribu des noces et nous eûmes pour la
seconde fois les honneurs de la *fantasia*. Je sentais
toujours que mon cheval voulait m'échapper et j'a-
vais peine à le retenir. Cependant nous apercevions
les ruines romaines ; par-delà mon cheval se lança
malgré tous mes efforts. J'étais dans ce moment à
l'arrière-garde de la caravane. Son galop était si
terrible que le prélat effrayé en l'entendant se retourna et demanda ce que c'était. Je passai sans
pouvoir répondre. A deux ou trois cents pas de là
le cheval m'avait renversé. On s'arrête, on descend
de cheval, on me relève tout sanglant et sans connaissance. Je demeurai dans cet état pendant près
d'un quart d'heure. En revenant à moi, je me vis
soutenu par nos spahis qui m'avaient relevé. Je

n'oublirai jamais la douce figure de ce jeune arabe qui me tenait par un bras et qui me souriait comme pour me rappeler à la vie. J'avais sur la paroi gauche du nez, à partir de l'œil une balafre où entrait aisément la moitié du petit doigt. Nous n'avions rien pour panser cette blessure, pas même de l'eau pour la laver. Cependant le jeune artiste se souvint de la fontaine qui n'était pas éloignée; il s'empare d'un bidon, prend le galop, et le rapporte plein d'eau. On lave la plaie, les spahis qui n'ont pas encore adopté nos allumettes chimiques et portent le briquet pour fumer, me donnèrent de' l'amadou. On en introduisit un long morceau dans l'entaille qu'une pierre avait faite et avec un mouchoir on fixa tant bien que mal l'appareil.

Quand je fus un peu remis, le prélat comprenant toute la gravité de cette chute, me dit qu'il fallait retourner à Sétif pour me faire saigner et que deux spahis m'accompagneraient. Sétif sans prêtre et aux extrémités de la terre habitable, me faisait peur. Monseigneur, lui dis-je, je demande la permission de ne pas retourner à Sétif où je sesais seul ; si je dois faire le sacrifice de la vie, j'aime mieux mourir à Constantine; là j'ai des amis et ils viendront prier sur ma tombe. Quand le prélat vit que je répugnais à aller à Sétif, plein de condescendance et me traitant comme un malade : eh bien, me dit-il, le brigadier des spahis a un cheval très doux; vous le monterez et il prendra

le vôtre. On me hissa sur ce cheval, et, quoiqu'il
ne bougeât pas, je tremblais ; tant était forte l'impression de ma chute récente ! Le brigadier alla
chercher mon cheval à une demi lieue, sauta en
selle, le lança au galop à travers les collines, les
ravins et le ramena au bout d'une heure les flancs
ensanglantés et trempé de sueur comme s'il avait
traversé un fleuve.

Je m'aperçus bientôt que le grand air et le mouvement du cheval me faisaient du bien. Je m'em-
pressai d'en avertir le prélat ; alors la caravane
prit le pas ordinaire, car, en faveur du malade,
on était allé jusques-là plus lentement. Vers les
trois heures, nous arrivâmes à une prairie, traver-
sée par un ruisseau ; on choisit cet endroit pour
la couchée. Je descendis avec peine de cheval,
aidé par les spahis, et m'assis sur l'herbe. Quelques instants après le P. Rigault vint s'informer
de mon état et me demander si j'avais besoin de
quelque chose. Je fus bien touché de son attention
et le remerciai. Quand il m'eût quitté, je me traînai
au ruisseau pour laver cette plaie. Une dame s'approcha alors de moi ; j'ai oublié de dire comment
elle se trouvait parmi nous et je répare cette omis-
sion. Pendant que nous étions à Sétif, elle était
venue demander à Mgr Dupuch la permission de
venir avec nous à Constantine où l'appelaient ses
affaires, et où une personne n'aurait pu venir seule
ou même accompagnée, comme elle l'était, par

un parent. Le prélat avait volontiers consenti à sa demande. Cette bonne dame, (ce sexe est plus compatissant, et voilà pourquoi il faut des sœurs de charité pour soigner nos malades et nos blessés) vint à moi et me demanda si je voulais qu'elle lavât cette plaie et remît l'appareil. J'acceptai avec reconnaissance. Elle sonda la plaie, la nettoya et remit l'appareil avec une grande dextérité. Que le ciel le lui rende !

Le soir venu, je me rapprochai de la tente, et sans envie de toucher à quoi ce soit, je m'enveloppai de mon manteau et me couchai à terre. Une gargoulette pleine d'eau était suspendue à l'un des appuis de notre maison de toile. Mes compagnons de voyage avaient dit, ainsi qu'ils me l'ont raconté plus tard : faisons attention ; s'il se lève pour aller boire, c'est la fièvre, il est perdu. Par la grâce de Dieu, je dormis et ne me levai pas ; mais le lendemain j'étais dans un état affreux. La chute avait produit tout son effet. Je sentais mes membres comme brisés et ma tête avait pris des proportions démesurées. Il fallait partir cependant ou mourir dans ces solitudes. On me hissa de nouveau sur mon cheval et la caravane se mit en marche. L'air et le mouvement me firent du bien comme la veille.

Elle fut longue pourtant cette journée et la suivante plus longue encore. Je m'écriais quelquefois : ô Constantine ! quand te reverrai-je ? Enfin le soir de la troisième journée depuis notre départ de Sétif et mon accident, nous enfilions la porte de la brèche et je descendais au presbytère.

Le long de la route, il avait été convenu avec le P. Rigault que dans mon état je resterais au presbytère et que le jeune artiste irait loger au palais. Le général d'ailleurs était en expédition. Le P. Rigault me prodigua les soins les plus empressés. A peine étions-nous arrivés qu'un médecin, le docteur Vital, dont le nom me sera toujours cher, était auprès de moi. Eh bien, docteur, lui dis-je, lorsqu'il eût examiné ma blessure, allez-vous me saigner? — Non, me dit-il; si j'avais été là le jour de l'accident, je l'aurais fait; mais aujourd'hui, vous n'en avez pas besoin. J'en fus fort aise, parce que la lancette, ni la pince de la sangsue ne m'a jamais touché l'épiderme.

Le P. Rigault invita le docteur à dîner; on se mit à table et moi avec les autres. Depuis trois jours je n'avais rien ou presque rien pris. Docteur, dis-je à M. Vital, me permettez-vous de manger? — Oui, me dit-il, vous le pouvez sans crainte. Je mangeai, et à la fin du repas, les forces étant un peu revenues, et le jeune artiste ayant trouvé qu'il était maintenant permis de rire de ma chute, je l'entrepris avec vigueur, et tout en le remerciant de l'eau qu'il était allé chercher à la fontaine, je lui fis honte d'avoir, à la première halte qui suivit l'accident, passé trois heures à jouer avec une gazelle dont on avait fait présent à Mgr Dupuch et que nous amenions à Alger, sans trouver un instant pour venir auprès d'un homme brisé par sa chute et lui demander s'il avait besoin de quelque chose. L'eau, s'écrièrent quelques-uns, c'est une vanité de peintre ; mais les trois heures auprès de la gazelle, c'est une barbarie.

Le lendemain j'allai voir les religieuses de St-Joseph que Mgr Dupuch avait, il y avait déjà quelque temps, appelées et établies à Constantine. Elles s'occupent surtout des malades et prodiguent leurs soins aux musulmans comme aux chrétiens. Le médecin, comme nous l'avons vu, est bien reçu dans la tente arabe ou même dans la maison du maure. Mais la partie de la tente ou de la maison réservée aux femmes lui est absolument fermée, et jamais il n'y met les pieds. Il n'en est pas ainsi de nos religieuses. Quand la femme d'un musulman est malade, le mari vient trouver la sœur et lui dit : ma femme est malade ; viens la voir ; apporte des remèdes, si tu veux, ou laisse-les ; mais viens toujours : t'entendre parler la guérira. La sœur va, pénètre où jamais homme n'est entré excepté le mari, donne des remèdes fort simples, quelquefois y mêle des avis qui valent mieux encore que les remèdes ; souvent la malade guérit. Alors le mari revient avec des poules, des œufs, etc.; mais pour quelques-uns c'est peu de chose. Un riche musulman dont la femme avait

été ainsi guérie, vint trouver la sœur et lui dit :
tu as quitté ton pays, parce que, n'ayant sans
doute pas de dot, tu n'as pas trouvé un mari ; eh
bien, moi je veux te récompenser d'avoir guéri
ma femme et te donner une dot, avec laquelle
tu retourneras dans ton pays et te choisiras un
époux. La sœur répond en riant: il n'en est pas
comme tu le crois ; j'ai un époux, et je n'en veux
point d'autre. — Et où est-il ton époux? — Il est
dans le ciel. — Le musulman demeure interdit et
ne comprend pas qu'une jeune fille renonce au
mariage pour soigner des malades et plaire à un
époux qu'on ne voit point. Il est facile de juger
par là combien nos religieuses pourront un jour
faire de bien parmi les musulmans.

Mais laissons les arabes et parlons des chrétiens.
Quand j'entrai chez les sœurs, j'avais la tête em-
paquetée; les bonnes religieuses me demandèrent
ce qui m'était arrivé; il fallut raconter. Elles se ré-
crièrent de terreur! La mère supérieure envoya
chercher du taffetas d'Angleterre dans la pharma-
cie, bien fournie et bien tenue, que ces dames ont
dans leur maison. Les sœurs pansèrent de nouveau
cette plaie, mirent ensuite l'appareil, beaucoup
mieux qu'il ne l'avait été encore, et la vénérable
supérieure me fit prendre encore un beau carré
de ce taffetas. Une partie a servi à me guérir, et
l'autre m'a suivi jusqu'à Châlons-sur-Marne que
j'habite aujourd'hui.

Le Rummel vient, comme nous l'avons dit, battre
de ses flots la masse qui porte Constantine. Un peu
en avant de ce point et sur la rive gauche, s'élève
un rocher taillé à pic et à jamais célèbre dans les
fastes de l'Église. C'est sur ce rocher que sont gravés les noms des martyrs, Jacques qui était diacre,
Marien, lecteur, et de leurs glorieux compagnons
égorgés dans la vallée, sur les bords du Rummel
et en face même du rocher. L'exécution eût été trop
longue s'ils eussent été immolés successivement
à la même place, et leurs corps entassés en trop
grand nombre; on les fit donc ranger les uns à la
suite des autres, et le bourreau parcourant la ligne
abattit les têtes. La mère de Marien était présente.
Cette femme héroïque, supérieure par le courage à
la mère des Machabées, non seulement exhorta son
fils à mourir, mais quand la tête fut tombée, elle
prit le corps tout sanglant dans ses bras, et heureuse
d'avoir donné le jour à un martyr, elle baisait avec
amour l'endroit où le fer avait séparé la tête du
tronc. « O mère, s'écrie St-Augustin (1), célébrant le
jour de leur fête, la gloire de ces martyrs, ô mère,
digne de Marie, dont tu portais le nom ! Loin d'i-
miter ces lâches parents qui détournent leurs enfants de la mort, tu as exhorté le tien à la souffrir généreusement, et après l'avoir vu mourir, au
lieu d'éclater en sanglots, tu as triomphé dans une
sainte joie. »

(2) Saint Augustin, sermon 284.

Ces martyrs versèrent leur sang sous Valérien,
vers l'an 259 de notre ère. Pour éterniser leur mémoire, les chrétiens gravèrent le nom des principaux sur le rocher témoin de leur héroïque sacrifice, et plus tard, selon l'interprétation que M. Qua-
tremère(1) a donnée de l'inscription, Silvain, évêque
de Cirta, célébrait leur triomphe par une cérémonie solennelle en présence d'une foule de chrétiens.

Pendant douze cents ans l'arabe a passé devant
l'inscription sans la voir ou dédaignant de la dé-
truire. Un jour, M. Carette, capitaine du génie, avait
gravi de bonne heure les pentes raides du Coudiat-ati. Assis sur un reste de construction antique, il suivait de l'œil les rayons du soleil qui
tombant obliquement sur la surface du rocher, er
dessinaient toutes les aspérités. Parmi les jeux
d'ombre et de lumière, il croit distinguer des lignes
régulières. Il descend aussitôt pour examiner de
plus près. O surprise ! c'est une inscription, gravée
sur le roc, en caractères romains. Quelques jours
après elle était livrée au public et exerçait la saga-
cité des savants.

Cette inscription, respectée par les payens, les
Vandales et les Arabes, a failli périr par la main
des Français. La pierre était devenue nécessaire
pour les nombreuses constructions qui s'élevaient

(1) *Voir* Histoire ecclésiastique, par M. le baron Henrion,
tome 12e, page 1201.

à Constantine; pour l'extraire on avait attaqué la partie du rocher qui se trouve entre la ville et l'inscription; la mine avançait toujours vers cette dernière; encore quelques pas, et c'en était fait du monument. Heureusement Mgr Dupuch fut averti à temps; il prévint le maréchal Bugeaud de ce qui se passait, et le pria de conserver à la religion et à la science ce glorieux témoignage des temps anciens. M. Poujoulat qui visitait l'Algérie joignit ses instances à celles du prélat; le maréchal donna l'ordre de s'arrêter, et l'inscription fut sauvée. C'est en partie pour en assurer la conservation que Mgr Dupuch fit la cérémonie dont nous allons maintenant parler, et qu'il fixa au dimanche. afin de lui donner plus de pompe.

Le matin à la grand'messe on annonça aux fidèles que le soir, à l'issue des vêpres, le prélat irait renouveler au rocher du Rummel la cérémonie qu'un de ses prédécesseurs à Constantine y avait faite, il y avait environ seize cents ans. Le bruit s'en répandit bientôt dans la ville et mit tout en mouvement. Officiers militaires, civils, de santé, vinrent en foule offrir au prélat de l'y accompagner à pied; il accueillit leur offre avec bonheur. Un piquet fut commandé pour assister à la cérémonie et la rendre plus imposante. Les braves étaient sur les lieux de bonne heure, ainsi que l'état-major et la musique militaire. Les souvenirs anciens se mêlaient dans les imaginations aux souvenirs nouveaux, et on avait hâte de courir au rocher des martyrs. Les vêpres s'en ressentirent et allèrent grand train. L'office fini, le prélat se met en route avec les deux prêtres de sa suite, le clergé de Constantine, six enfants de chœur, des frères en soutane et Mustapha avec son costume arabe complet, et tel qu'il était le matin, lorsqu'il avait présenté l'eau à la messe. D'autres militaires, des arabes se joignent au cortège. Le prélat traverse Constantine, et sortant par la porte d'Alcantara, il foule en passant l'ancien amphithéâtre dont les fondements révèlent encore clairement l'enceinte. La vue de ce lieu où d'autres chrétiens avaient combattu réveille en lui de graves pensées. Il descend à grands pas la pente rapide qui conduit au Rummel et à l'inscription, où les éclats de la musique militaire saluent son arrivée.

Pendant que le prélat revêt ses vêtements pontificaux, on va puiser au Rummel l'eau qu'il bénit. Il s'approche ensuite de la pierre, préparée pour servir de fondement à la chapelle qui doit s'élever en cet endroit, verse sur elle l'eau sainte, applique le ciment avec la truelle et frappe la pierre avec le marteau. Les officiers de l'armée, le commissaire civil viennent tour à tour répéter la cérémonie symbolique. C'est la France qui, au nom de la religion, prend possession de ce lieu sacré. Le pontife alors se retournant vers le monument l'asperge de tous côtés comme pour éloigner les esprits im-

purs en la puissance desquels il était depuis si
longtemps. Il saisit ensuite l'encensoir et avec un
enthousiasme visible, il encense les noms vénéra-
bles gravés sur le roc. Des milliers d'arabes étaient
répandus sur les collines qui s'élèvent en amphithéâtre des deux côtés du Rummel ; ils buvaient
des yeux un spectacle nouveau pour eux et pour
nous-mêmes. Des Français et des arabes pêle-mêle
s'étaient couchés à plat ventre sur le bord supérieur du rocher, et allongeaient leurs têtes, comme
des petits d'hirondelles, pour voir la cérémonie
qui se passait en bas.

Le bon pasteur ne veut pas renvoyer à jeûn de
la parole cette multitude qui l'a suivi. A défaut
d'autre tribune, il monte sur la pierre qu'il venait
de consacrer et adresse à la foule attentive un des
plus beaux discours que j'aie entendu tomber de
ses lèvres.

Il prit pour texte ces paroles qu'on avait chan-
tées à vêpres : *Audite dominum, dum loquitur in
via,* écoutez le Seigneur, s'il vous parle en chemin.
Lors, dit-il, que j'ai traversé ce lieu encore reconnaissable, où les chrétiens étaient autrefois livrés
aux lions et aux tigres (l'amphithéâtre romain),
le Seigneur m'a parlé, et je viens vous redire les
paroles que j'ai entendues.

Il partit de là pour rappeler les révolutions diverses qui s'étaient accomplies sur cette terre. Il
n'eût garde d'oublier la dernière qui nous en a

mis en possession. Du lieu où il parlait, on apercevait la pyramide de Damrémont. Il laissa tomber
quelques fleurs sur cette tombe et distribua à l'armée les plus justes éloges.

Passant ensuite au sujet même de la cérémonie,
il joignit aux héros dont les noms étaient gravés
sur la pierre ceux qui auparavant avaient aussi
remporté la palme du martyre à Cirta, c'est-à-dire,
les deux évêques Agapius et Secundinus, les deux
vierges Tertulla et Antonia, le guerrier Emilien
qui appartenait à une famille équestre et une foule
d'autres dont les noms ne sont pas venus jusqu'à
nous. Il trouva dans leur histoire d'admirables ap-
plications à l'assemblée, s'humilia, comme il le
faisait souvent, à la pensée des évêques martyrs ;
dans Jacques et dans Marien, l'un diacre, l'autre
lecteur, il signala des modèles aux prêtres qui l'accompagnaient, aux frères et même aux enfants de
chœur. Il rappela aux mères le zèle héroïque de
celle de Marien, aux religieuses de St-Joseph qui
étaient là avec leurs enfants, les deux vierges Tertulla et Antonia, aux braves qui l'entouraient le
guerrier Emilien, et à tout le peuple cette foule
innombrable dont le sang avait rougi la vallée où
nous étions.

Puis tout-à-coup le discours se changeant en
prières, l'évêque missionnaire devint sublime :
Saint diacre, s'écria-t-il, saint lecteur, disciple de
de Cyprien, intercédez pour ces prêtres qui viennent

ici réveiller la foi pour laquelle vous êtes morts, pour ces clercs, pour ces jeunes enfants qui remplissent aujourd'hui les mêmes fonctions que vous avez remplies dans l'Église; immortel guerrier, priez pour ces guerriers magnanimes; mère héroïque, priez pour ces mères; vierges, priez pour ces vierges, et vous, nuée de martyrs que Dieu seul connait, priez pour tout ce peuple; priez pour la France, pour l'Algérie et son indigne pontife! Amen!

Quand le prélat eût cessé de parler, le *Domine, salvum fac*, ce chant religieux et national qu'il est si doux d'entendre, loin de la patrie, retentit dans ces vallées; la bénédiction pontificale suivit, et la musique militaire lança dans les airs ses fanfares joyeuses. Ainsi se termina cette cérémonie qui remua tant de souvenirs et fit battre à l'unisson tant de cœurs.

Le pontife et ses assistants quittèrent les vêtements sacrés; des groupes divers se formèrent et on reprit le chemin de Constantine. Il était vraiment curieux de voir dans cette foule qui montait vers l'ancienne Cirta, ici l'évêque avec le lieutenant-colonel, son épouse et d'autres officiers; là des prêtres mêlés les uns aux colons, les autres à l'armée; plus loin des religieuses avec leurs jeunes élèves, et au milieu de tout cela des enfants qui par curiosité allaient d'un groupe à l'autre; partout des conversations animées qui avaient pour objet la cérémonie ou les souvenirs qu'elle avait réveillés. On rentra par la porte d'Alcantara, et la foule se perdit peu-à-peu dans les rues étroites et tortueuses de la cité arabe. Le prélat revint au presbytère, et pendant le dîner, les musiciens du 3e, mettant le comble aux honneurs qui lui avaient été rendus, firent entendre de mélodieux concerts.

Avant le départ, je consultai le docteur Vital, pour savoir si je pouvais sans imprudence continuer le voyage. Vous êtes bien, me dit-il, mais je ne puis pas dire que votre accident n'aura pas d'autre suite. Je conseille que vous retourniez à Philippeville, et de là, s'il ne se produit aucun symptôme fâcheux, vous irez par le bateau à vapeur rejoindre monseigneur à Bône. C'est à Bône par Guelma que nous devions aller en quittant Constantine. Je fis part au prélat de ce conseil. Toujours bon pour les siens : nous passerons tous par Philippeville, me dit-il, et là nous verrons comment vous serez. J'eus beau le prier de ne pas changer son itinéraire, mes instances furent inutiles. Nous reprîmes donc la route de Philippeville, laissant Guelma, l'ancienne *Calamus*, où saint Augustin a passé une partie de sa jeunesse et où se trouvent les fameuses sources d'eaux chaudes, appelées par les arabes *ammam-mescoutim*, les bains maudits. Je l'ai d'autant plus regretté que l'occasion ne s'est plus présentée de visiter cette province et que j'ai quitté l'Afrique sans voir Guelma.

8*

Une entreprise gigantesque, encouragée par le prince Napoléon et approuvée par l'Empereur va transformer les ruines romaines en un établissement Thermal, qui rivalisera avec les plus beaux d'Europe, et les surpassera à cause de la douceur du climat qui permettra de les fréquenter en plein hiver, dans la saison où ceux du continent sont fermés.

Nous reprîmes donc la route de Philippeville, et passâmes par les mêmes stations, mais sans presque nous arrêter. Le long de la route, le cocher, Antoine, bon allemand, venait me trouver au bout de la caravane, et me disait : monseigneur m'envoie pour savoir comment vous allez. Il est bien affligé de votre accident; il dit que si vous ne venez pas à Bône, on l'accusera de tuer tous ses grands vicaires, parce que M. l'abbé Dagret le quitta à une autre époque dans la plaine du Chélif, et revint seul et malade à Alger. Touché de cette bonté du prélat, je répondis à Antoine: Allez dire à monseigneur que je suis guéri ; l'air me fait du bien, et j'irai avec lui à Bône et plus loin s'il le faut. Il alla et revint bientôt m'annoncer que le prélat était tout joyeux de ma résolution.

Nous couchâmes à Philippeville, et Mgr Dupuch ayant préféré la voie de terre au bateau à vapeur, le lendemain matin nous étions tous à cheval et sortions par la porte qui mène aux jardins et à la vallée. Nous traversâmes cette belle plaine et le cours d'eau qui se jette dans la mer derrière Philippeville. Ce sont les eaux de cette rivière que le génie avait eu la pensée, en faisant la saignée plus haut, d'amener dans la ville. Si ce projet était exécuté, la cité nouvelle n'aurait rien à envier à l'ancienne, pas même ses magnifiques citernes. Bientôt nous eûmes en face des montagnes si raides qu'il me semblait impossible que nos chevaux pussent y grimper ; mais les spahis ne s'arrêtent pas pour si peu ; ils lancent aussitôt leurs coursiers et escaladent cette Cabylie ; en les voyant faire, nous prenons courage et les imitons.

Arrivés au sommet, nous découvrîmes la mer. Tandis que nous marchions sur ces hauteurs, je vis un de nos spahis indigènes. Assen ben-cicni, c'était son nom, attirer à lui des branches de chêne sous lesquelles nous passions, cueillir des glands et en manger. Je l'apostrophai par un mot de sa langue dont la traduction ne se supporterait pas dans la nôtre. Prends, me dit-il, en me présentant quelques-uns de ses glands, c'est aussi doux que du sucre. J'en portai un à la bouche et je fus tout surpris de le trouver plus doux et plus sucré que nos châtaignes. Je me dis alors : si c'étaient là les glands que mangeaient nos aïeux, ils n'étaient pas si à plaindre que je le croyais. Après avoir traversé des pays très accidentés et propres, suivant qu'il nous paraissait, à recevoir une culture riche et variée, nous entrâmes, vers le milieu du jour, dans de superbes forêts de chênes-lièges. Il s'en trouve de plus

belles et de plus vastes encore du côté de la Calle;
réunies aux autres forêts de l'Algérie elles présen-
tent une surface double de celles que nous avons
en France, et le génie a constaté que bien exploitées
elles peuvent fournir abondamment à l'Europe tout
le liège dont elle a besoin. Quand donc des villages
seront-ils construits de distance en distance entre
Philippeville et Bône pour tirer parti de ces ri-
chesses? Le blé et surtout les arbres fruitiers croî-
traient à merveille dans les pays que nous avons
traversés pour arriver à ces forêts et dans les intervalles qu'elles laissent entr'elles. Une route pourrait les relier aisément et on traverserait ces forêts,
comme nous traversons celle de Fontainebleau.
Notre jeune peintre était ravi, et dans son enthousiasme il disait au prélat : monseigneur, une con-
cession ici, laquelle votre Grandeur peut facilement
m'obtenir, et je deviens marchand de liège.

Nous chevauchâmes toute la journée. Vers le soir
nous aperçûmes une prairie et une fontaine qui
coulait à travers. Bon! me dis-je, nous allons nous
arrêter-là pour passer la nuit. J'étais selon mon habitude, depuis ma chute, à la queue de la caravane; je regardais la tête et je la vis bientôt dé-
passer la prairie et courir en avant; courir est le
mot; car nos chevaux allaient au pas de course.
Comme la nuit approchait, je dis à Hassen : toi, tu
vas rester avec moi; je ne puis pas aller aussi vite
que les autres et je me perdrais dans les bois. Il ne se
fit pas prier et me dit en riant : n'aye pas peur, moi

rester avec toi toujours. Après avoir franchi la prairie ou plutôt la vallée, nous gravîmes une série de collines dont je ne croyais jamais voir la fin ; une nouvelle succédait toujours à celle que nous venions de laisser derrière nous. Nous traversâmes de vastes champs où le chaume dans toute sa longueur, les arabes ne coupant que l'épi, était encore sur pied. Enfin nous arrivâmes. Il était huit heures du soir ; partis à quatre du matin, nous avions passé environ seize heures à cheval.

Sur la colline était une tribu connue de nos Spahis; voilà la raison de cette mortelle journée et du long circuit que nous avions fait; car le lendemain il nous fut facile de voir que nous nous étions éloignés de Bône. En descendant de cheval, je dis à Hassen, tu es fou donc et les autres aussi de nous faire marcher si longtemps. Ne pouviez-vous pas vous arrêter là bas à la prairie et à la fontaine? Ne te fâche pas, me dit-il, ici bonne tribu, riche, tu verras, tribu amie des français. Et pourquoi, lui dis-je, cette tribu est-elle amie des français? Alors il me raconta qu'au commencement de l'occupation, une tribu voisine qu'il me nomma avait surpris la tribu chez laquelle nous nous trouvions. Sur l'ordre du Cheik un cavalier courut à Bône, avertit le colonel, aujourd'hui le général Youssouf. Aussitôt celui-ci monte à cheval avec sa troupe, il arrive derrière la montagne (et il me l'indiquait de la main) où étaient les troupeaux que l'autre tribu em-

menait; il bat les pillards, ramène les troupeaux
et les rend à la tribu. Depuis ce temps, disait-il
avec fierté, la tribu toujours amie des français.
Puis, ajouta-t-il, la tribu est riche; tu verras! du
lait, du beurre, des poules! *besef* (beaucoup). Pendant ce récit ma colère s'était tout-à-fait calmée.
Ce bon jeune homme désirait vivement être
brigadier: pauvre Hassen! que n'ai-je eu des galons à distribuer! il y a longtemps que tu les por-
terais!

Hassen avait dit vrai. J'entrai sous la tente; nous
étions admirablement installés. C'était fête solennelle; jamais nous n'avions eu tant et de si belle
paille, et puis, le beurre, le lait, les œufs, le couscoussou pleuvaient sur nous. Je ne tardai pas à oublier et la prairie et la fontaine et nos seize heures
de cheval.

Le lendemain de bonne heure nous partions pour
Bône où nous arrivâmes vers midi. Bône n'était
plus la même qu'en 1842; elle était transformée.
Deux ans auparavant, j'avais trouvé une ville presque exclusivement arabe, c'est-à-dire, n'offrant à
l'œil que des rues tortueuses et sales, des maisons
mauresques assez misérables, et point ou presque
point de maisons françaises. Au moment où nous la
revoyions, Bône était une cité française: des rues
larges et tirées au cordeau avaient été ouvertes,
de vastes places dessinées, des maisons construites
sur différents points, des arbres plantés, les eaux
stagnantes desséchées en partie ou amenées à la

mer, et la Casbah complètement restaurée. Bône en un mot n'était plus reconnaissable. Il s'était opéré là la même transformation qu'à Blidah. Je retrouvai à Bône M. l'abbé Suchet dont j'étais devenu le collègue et M. l'abbé Banvoy qui donna magnifiquement l'hospitalité à son évêque et à toute sa suite.

Dès notre arrivée nous fîmes visite au général Randon, qui alors commandait à Bône. Le général vint au presbytère rendre au prélat sa visite. Il eut l'obligeance de nous donner suivant l'usage de nouveaux guides, les nôtres devant nous quitter à Bône. Nous nous séparâmes avec regret de nos brillants Spahis; ils vinrent dire adieu à Monseigneur et à ses compagnons de voyage. Je glissai quelques pièces de cinq francs dans la main du brigadier qui m'avait prêté son cheval; c'était peu pour un si grand service; et pourtant il se montra très satisfait.

Nous passâmes quelques jours à Bône. M. le curé me voyant rétabli me pria de faire le prône. J'acceptai. A Constantine, avant notre départ pour Sétif, j'avais prêché dans une mosquée qui était l'église et sur une chaire arabe; ici je préchai aussi dans une mosquée bien étroite qui servait pareillement d'église et sur une chaire qui n'était ni arabe, ni française, tant elle était basse. L'église était pleine, ce qui n'était pas étonnant, vu ses dimensions, et la foule se prolongeait au dehors dans la direction de la porte. Cette foule se composait de Français en petit nombre, d'Italiens, de Maltais et même d'Arabes qui là comme ailleurs, poussés par la curiosité, venaient voir nos cérémonies. J'étais profondément ému : prêcher dans les mêmes lieux où saint Augustin avait fait entendre son éloquente voix, c'était pour moi un sujet de bonheur et de confusion. Je le dis à mon auditoire et parlai de celui qui remplissait mon âme tout entière, de saint Augustin. Je citai quelques traits de sa vie, quelques uns de ses beaux ouvrages, et je félicitai ce peuple d'avoir eu autrefois pour pasteur et d'avoir aujourd'hui pour protecteur dans le ciel, un si grand saint. L'auditoire prêtait à mes paroles une oreille attentive, et le prélat se glissant dans une tribune, où l'on arrivait du presbytère, vint ajouter à mon émotion.

Nous devions de Bône aller à la Calle. Les préparatifs du voyage faits, M. le curé de Bône, qui était du voyage, trouva une excellente monture ; M. l'abbé Suchet possédait une mule qui était une célébrité dans le pays ; le prélat montait la sienne : j'eus un cheval dont je ne parle pas et qui pourra bien se faire connaître le long de la route.

Nous partons de grand matin et par un très beau temps. A peine étions-nous sortis de Bône, que nous eûmes à traverser un méchant ruisseau dont les eaux faisaient mare dans l'endroit choisi pour le passer. M. l'abbé Suchet, chef de la caravane

dans sa province, conduisait la troupe. Il s'engage
le premier dans cette mare, son cheval enfonce,
se débat et le cavalier tombe dans le bourbier. Il
en sortit dans l'état que vous pouvez penser. Sans
trop s'inquiéter, il racle la boue dont il était couvert et remonte à cheval. Sages à ses dépens,
nous faisons un petit détour et trouvons un endroit commode et point dangereux. Quand nous
eûmes passé, l'excellent abbé Suchet eut encore à
essuyer des reproches. Comment, lui disions-nous,
dans votre province, aux portes de Bône, vous ne
connaissez pas mieux les routes. Vous allez tête
baissée vous jeter et nous jeter après vous dans
des bourbiers où le cheval enfonce jusqu'au poitrail!
il donnait là dessus de très bonnes raisons dont
je ne me souviens pas bien aujourd'hui.

Nous marchâmes presque toute la journée sur
le sable et par un terrain qui nous semblait plus
bas que le niveau de la mer, le long de nombreux
étangs qu'il nous fallut quelquefois traverser pour
continuer notre route. A la vue d'un de ces lacs
transparents et dont le fond paraissait solide, il
prit fantaisie à notre jeune peintre de lancer son
coursier dans l'eau. A peine le cheval était-il entré,
qu'il enfonça presque jusqu'au cou. Il se débattait
et courait le danger de disparaître sous la vase
avec son cavalier. Aux cris que poussait celui-ci,
les arabes accoururent et parvinrent, non sans
peine, à le ramener à terre.

Nous arrivâmes le soir au milieu d'une plaine vaste et unie, et nous arrêtâmes dans une prairie pour la couchée. A peine étions-nous descendus de cheval, que nous vîmes venir à nous deux chefs arabes ; c'étaient les cheiks de deux tribus voisines. Ils demandent à parler au grand marabout (l'évêque). Le prélat les accueille avec bonté, comme il faisait toujours avec les arabes, et il se passa là une scène vraiment touchante. L'un d'eux disait au prélat: vois-tu, tu dresseras ta tente ici, parce que c'est ma tribu: l'autre l'interrompait en disant : non, pas ici, mais là, parce que de ce côté c'est ma tribu et tu dormiras sur mon terrain. Le prélat était ému de cet accueil patriarcal : mes amis, leur dit-il, vous serez tous deux contents; je vais à la Calle, et je n'y resterai pas longtemps. Eh bien, aujourd'hui, dit-il, en se tournant vers celui qui lui avait parlé le premier, je dresserai ma tente ici, comme tu le veux, et à mon retour, dit-il à l'autre, je la transporterai là, parce que c'est ta tribu. Les arabes trouvèrent ce jugement aussi sage que celui de Salomon. En partant, nous laissâmes notre tente dont nous n'avions pas besoin à la Calle, toute dressée sur la tribu du premier, et au retour, nous la trouvâmes sur les terres du second.

Le lendemain nous eûmes à marcher encore presque toute la journée dans des plaines basses comme celles de la veille et à travers une sorte d'osier que le prélat appelait en riant du thé sauvage. Cependant nous rencontrâmes quelques monticules ou légères collines en approchant de la Calle où nous arrivâmes vers la fin de la journée.

La Calle se compose de deux rangées de petites maisons entre lesquelles est une rue assez étroite; ces maisons sont posées sur un rocher uni qui forme à lui seul une presqu'île. Au nord le rocher est assidûment battu par la vague qui l'a déjà miné dans plusieurs endroits; quand elle aura fini son travail, les maisons s'en iront avec lui dans les flots. A l'endroit où la mer tournant le rocher à l'ouest s'enfonce entre la terre et lui et achève ainsi la presqu'île, il y avait un bateau unique, le stationnaire. Les corailleurs n'étaient plus là; la saison de la pêche passée, ils retournent dans leur pays. Cette population flottante, composée en très grande partie d'Italiens, est très religieuse. C'est, nous disait M. le curé de la Calle, la meilleure portion de mon troupeau. Comme on le voit, il y a à la Calle un curé et une église qui possède des vases sacrés et des ornements d'un assez grand prix donnés par un des princes d'Orléans; l'église elle-même est fort curieuse; elle est divisée en plusieurs compartiments formés par une simple toile, comme les différentes parties d'une tente. En dehors du rocher et sur la terre ferme, il n'y avait alors qu'un seul édifice destiné à devenir un hôpital qui devait être desservi par les religieux hospitaliers de saint Jean-de-Dieu. Le maréchal Soult, qui s'appelait Jean de Dieu, avait accordé cette faveur à ses frères de nom. Les dimensions en étaient vastes et les murs atteignaient presqu'à la hauteur qu'ils devaient avoir. J'ai oüi dire depuis que cette construction avait été abandonnée, et que, pour n'avoir pas reçu de toiture, elle était tombée en ruines.

A l'église est joint une espèce de presbytère : ce fut notre pied-à-terre. Dès notre arrivée les chefs militaires s'empressèrent de venir saluer le prélat. Sur leurs invitations et en leur compagnie, Mgr Dupuch alla visiter un établissement où se trouvaient un assez grand nombre de militaires punis pour infraction à la discipline. L'un d'eux avait les fers aux pieds et aux mains et depuis plusieurs jours il s'obstinait à ne pas parler. Le prélat voulut voir cette brebis égarée; il pénétra dans son cachot, lui adressa quelques paroles pleines de bonté. Le patient les accueillit bien, avoua ses torts et en témoigna du regret. C'était assez pour le bon pasteur; il demanda sa grâce et l'obtint. Ce trait du saint évêque nous rappela ces paroles d'Isaïe que Notre Seigneur s'applique, à lui-même et qu'on pouvait bien appliquer à son envoyé : *spiritus domini super me; propter quod unxit me, ut prædicarem captivis indulgentiam et clausis apertionem* : l'esprit du seigneur est sur moi, et il m'a sacré pour prêcher le pardon en faveur des captifs et la liberté en faveur des prisonniers.

Le lendemain nous allâmes visiter les ruines du bastion de France qu'on appelle la vieille Calle. Cette forteresse, car c'en était une véritable, fut achevée en 1560; elle était destinée à protéger la pêche du corail qui se fait sur ces côtes. Après des fortunes diverses, par suite desquelles le bastion fut abandonné, démoli et ensuite rebâti, il intervint, en 1628, entre le pacha Hassein et la France représentée par Sanson Napollon, un traité qui nous assurait la possession de ce point, et de plus, de la Calle, du cap Rose et de la maison de Bône. Ce traité portait que le fort du cap Rose serait occupé par un caporal, huit soldats et un interprète; la Calle par un capitaine et quatorze soldats qu'on pourrait augmenter au besoin; le bastion de France, qui était la place la plus forte, et un dépôt pour les munitions de guerre, le serait par un capitaine, un lieutenant, vingt-huit soldats et un tambour; qu'il y aurait en outre un homme chargé de l'administration du commerce, un écrivain pour la comptabilité, un capitaine et quarante matelots, deux charpentiers, un boulanger et deux religieux pour desservir l'église. Le traité portait encore que vingt-un bateaux seraient employés à la pêche et que chaque bateau aurait sept hommes. Toutes ces concessions étaient faites par Hassein en faveur d'une compagnie marseillaise qui avait racheté et ramené libres à Alger des prisonniers turcs retenus sur nos galères. Les nombreuses violations de ce traité et d'autres intervenus depuis, par un autre

Hassein, le dernier dey d'Alger, furent avec le coup d'éventail, la cause première de l'expédition d'Afrique.

La vieille Calle (j'employe la dénomination actuelle) est à une lieue environ de la nouvelle. De bonne heure nous étions en route, les uns par terre, les autres par mer. Le Bastion est assis sur un rocher au bord de la mer. Nous distinguâmes, à ne pouvoir nous y méprendre, la chapelle ou plutôt l'église. La voûte avait fondu et gisait sur le pavé ; mais les murs étaient debout et parfaitement intacts. L'intérieur de l'église était couvert d'arbres qui avaient crû là comme dans un bois. On s'était muni de hâches et d'autres instruments et on se mit à abattre la forêt dans l'endroit qui avait été le sanctuaire. On dressa un autel en planches ; des cierges furent posés sur quelques pierres en saillie. Le pontife se revêtit de ses ornements, ses assistants des leurs, et le prélat dit la messe. Mustapha, en costume arabe, présenta l'eau ; la foule qui nous avait suivis était disséminée sur les fragments inégaux de cette voûte écroulée et entre les arbres restés debout dans le fond de l'enceinte ; le peintre, pour mieux saisir cette scène, s'était perché sur l'extrémité du mur latéral de droite, et complétait lui-même cette scène. Mgr Dupuch, suivant son usage, adressa pendant la messe une allocution véhémente à l'assistance. Il trouva le moyen de féliciter de son courage et bien plus encore de la protection divine un officier civil là présent et qui avait échappé à la mort comme par miracle. Voici le fait.

Un jour, il était sorti de la Calle, sans armes et sans défiance avec un officier son ami. A quelques centaines de pas, deux arabes, moitié riant, moitié grondant, les abordent et les couchent en joue. Les deux français s'avancent, ne croyant pas en pleine paix à une attaque réelle ; mais un coup part et l'officier tombe frappé à mort. Les arabes se précipitent sur lui pour le dépouiller et lui couper la tête suivant leur coutume. L'officier civil profite de ce temps pour fuir et se jette dans un fossé. Il reste quelque temps tapi au fond, croyant les arabes à ses trousses. Ne les entendant pas venir, il marche sur ses pieds et sur ses mains, et arrivé ainsi à l'extrémité du fossé, il s'élance par-dessus avec la presque certitude de recevoir à l'instant même une balle. Il n'en fut rien. Les arabes avaient fui. Il court et arrive à la Calle dans un état voisin de la démence. Il raconte ce qui vient d'arriver ; on se porte en foule sur les lieux et on ne trouve qu'un corps sanglant et horriblement mutilé.

Ce trait m'en rappelle un autre qui s'est passé tout près de la Calle, où l'on en parlait encore beaucoup lors de notre passage, et je demande la permission de le raconter.

Tout près de la Calle est une île inhabitée. Un homme dont un revers avait troublé la vie était venu ensevelir son chagrin dans la solitude de la Calle. Il y était aimé de tout le monde ; son occupation principale était la chasse. Un jour il annonce à ses amis qu'il est décidé à aller s'établir au moins pour un certain temps dans l'île en question. On cherche à le détourner ; il reste inébranlable. Ses amis ne pouvant le retenir lui font une fête et l'accompagnent dans l'île ; avec les instruments qu'on avait apportés, on lui fabrique une cabane confortable. Il avait quelques provisions, deux fusils, des pistolets, d'autres armes, un chien de chasse, et il dit à ses amis que les provisions étaient inutiles et qu'il allait vivre de gibier, de poisson et de fruits, si l'île en produisait. Ses amis lui disent adieu et partent. Un ou deux mois s'écoulent, et, au bout de ce temps, ces mêmes amis arrangent une partie de plaisir qui consiste à porter des provisions à leur ami et à aller déjeûner dans l'île. Les préparatifs faits, on part, on arrive on court à la cabane. Dieu ! quelle fête ! Cet homme était étendu par terre dans un état complet de putréfaction. Plus de fusils, plus d'armes, plus de chien ; car on eut beau parcourir l'île on n'en put découvrir trace. Il n'est plus question de festin, on retourne au rivage, on s'embarque et on s'éloigne en silence de ce lieu d'horreur. Comme on n'avait trouvé ni les armes, ni le chien, on pensa que des pirates arabes, qui rôdent sur ces côtes, étant venus dans l'île et ayant vu cet homme seul, l'avaient assassiné, pris ses armes et emmené le chien.

Mais retournons à la la vieille Calle. La messe
était finie ; on avait apporté les provisions nécessaires et nous déjeûnâmes sur ces ruines. Nous
voulûmes ensuite parcourir encore une fois la forteresse écroulée. Nous admirâmes les grottes spacieuses, que la mer a creusées dans le rocher, et
qui augmentaient considérablement la capacité du
fort. Nous ne pouvions nous défendre d'une certaine mélancolie en pensant que cette étroite enceinte avait été longtemps le seul point que la
France possédât dans le nord de l'Afrique, tandis
qu'il est aujourd'hui perdu dans le vaste empire
qu'elle a fondé sur ces rivages.

Plusieurs retournèrent par terre : le prélat revint
par eau et je le suivis. La barque était conduite
par un pêcheur, fameux parmi tous ceux de la Calle.
Chemin faisant, il jeta à la mer deux hameçons,
attachés chacun au bout d'une longue ficelle ; il
donna l'une à l'enfant qui l'accompagnait et garda
l'autre dans sa main. Au bout de quelques instants,
il amena un beau poisson qui le soir figurait sur la
table du prélat. Tandis qu'il s'occupait et de la barque et de l'hameçon qu'il avait de nouveau lancé
à la mer, on l'avertit que l'enfant tirait le sien avec
peine. Il accourt, mais trop tard ; le poisson avait
cassé la corde et emporté l'hameçon. La colère
était visible sur les traits de ce brave homme, et
n'eût été le respect dû à son hôte, sa main calleuse
eût rudement caressé la figure de l'enfant. Nous
tâchions de l'apaiser en lui disant: vous en avez

9

un autre que vous avez offert à monseigneur.—
Ils sont rares, dit-il, les pareils de celui qui vient
de m'échapper, et il nomma l'espèce à laquelle il
appartenait; il pesait plus de dix livres, et quand j'en
prendrai un de cette dimension, je n'aurai pas un
évêque dans ma barque. Mais enfin, répliquions-
nous: que vouliez-vous que fît ce pauvre enfant?
la corde a cassé. C'est là son tort, reprit-il; si j'a-
vais été là, elle n'aurait pas cassé. J'aurais tiré un
peu, et puis lâché un peu; le poisson se serait gorgé
d'eau et noyé, et je l'aurais eu sans peine. Tu feras
comme çà une autre fois, José, n'est-ce pas? Oui,
répondit l'enfant, d'une voix tremblante et qui par-
vint à peine à nos oreilles.

Le soir nous étions assis autour d'une table qui
rappelait celle des généraux. Officiers, docteurs,
fonctionnaires civils vinrent mêler leurs galons de
toutes sortes à la moire de nos soutanes. Une discussion sur l'art et sa définition entre l'artiste et
un des prêtres de la suite du prélat attira l'attention des convives, et se prolongea assez avant dans
la soirée. Le directeur de la douane de Bône, homme
d'esprit, la résuma par ce bon mot. Ce qu'il y a
de plus curieux en tout ceci, dit-il, c'est la nature
même de la discussion. Une dissertation sur l'art
à la Calle! au bout du monde civilisé! Voilà la merveille !

Nous étions allés la veille, M. l'abbé Montéra et
moi, voir un docteur, son compatriote et son ami.

Ce docteur, qui avait l'obligeance de nous donner
un lit, possédait une fort belle bibliothèque. Il
nous montra parmi ces livres un petit volume que
le fameux médecin Desgenettes avait avec lui en
Egypte. C'était la Jérusalem délivrée. Je la saisis
et la feuilletant rapidement j'arrive au passage que
je cherchais, et lis avec enthousiasme, mais en
me défiant un peu de ma prononciation devant deux
Italiens, la strophe suivante :

> Giace l'alta Cartago, à pena i segni
> De l'alte sue ruine, il lido serba.
> Muoiono le Citrà, muoiono i Regni,
> Copre i fasti, e le pompe arena ed herba.
> E l'huom d'esser mortal par che si sdegni :
> O nostra mente cupida, e superba !

Jér. dél. chant 15ᵉ, strophe 20.

Là gît la superbe Carthage. Le rivage garde à peine la
trace de ses ruines. Les cités meurent, les empires meurent!
Un peu de sable et un peu d'herbe, voilà qui recouvre tant
de grandeurs. Et l'homme s'indigne d'être mortel! O ambi-
tion! ô orgueil!

Ce n'est pas seulement en lisant ces vers que ja-
vais pensé à Carthage et à ses ruines. Je me dis en
partant de Bône: nous allons à la Calle ; nous serons à douze lieues des ruines de Carthage: reparti-
rons-nous sans les voir? je n'avais pas osé encore
en parler à Mgr Dupuch. Ce dernier soir, avant
qu'il ne quittât la réunion, je m'approchai de lui et
lui racontai ce qui était arrivé la veille chez le

docteur; mais j'eus beau réciter de mon mieux les vers du Tasse, le prélat fut inflexible. Ce n'est pas mon diocèse, me dit-il; et le gouvernement pourrait en prendre ombrage. Je perdis mon italien et il fallut renoncer à voir les ruines de Carthage.

Le lendemain nous avions dit adieu à la nouvelle Calle et à nos excellents hôtes; nous saluions en passant le Bastion de France que nous laissâmes à droite, et nous retrouvions notre tente dressée comme je l'ai dit, sur les terres de la tribu qui n'avait pu donner l'hospitalité au grand Marabout. Les bons arabes nous accueillirent comme à notre premier passage. Le danger qu'avait couru l'officier civil de la Calle et le malheur de son ami n'avaient en rien altéré notre confiance en eux. Outre que cet événement commençait à être ancien, il était, dans la pensée des officiers et dans la nôtre, une vengeance particulière ou le fruit du fanatisme de deux arabes.

Après avoir couché sur leurs terres, nous continuâmes notre route vers Bône. Nous fîmes halte sur les bords d'un de ces lacs dont j'ai parlé. Une multitude d'oiseaux aquatiques volaient par-dessus ou à l'entour. Notre jeune artiste, aussi bon chasseur que bon peintre, en abattit plusieurs; nos arabes firent de même, et quelques uns de ces oiseaux, étant tombés dans un bouquet de roseau qui s'élevait au milieu du lac, les arabes n'hésitèrent pas et allèrent, le corps dans l'eau et les pieds

dans la vase, les saisir et nous les apporter. Parmi
ces oiseaux il y avait une poule d'eau, bonne fortune que M. l'abbé Banvoy sut mettre à profit, le
lendemain vendredi, jour de notre retour à Bône.

La visite du prélat à Bône était faite ; nous n'y
séjournâmes que pour attendre le départ d'un navire. Le bateau à vapeur ayant chauffé nous saluâmes la sainte colline d'Hippone et dîmes adieu
à ceux qui continuaient là la mission d'Augustin.
Le merveilleux vaisseau nous reçut et d'un trait,
nous donnant à peine le temps de voir au passage Dgigelli, Philippeville, Bougie et Delhys, nous
déposa sur le quai d'Alger.

TROISIÈME VOYAGE

DANS LA PROVINCE D'ORAN.

———

Le voyage dont j'ai maintenant à parler n'eut lieu qu'au commencement de l'année suivante (1845). Vers le milieu d'avril, Mgr Dupuch annonça à M. l'abbé Bernadou, aujourd'hui curé de la Cathédrale d'Alger, qu'il remplacerait M. l'abbé Montéra et l'accompagnerait.

Ce fut le seul changement dans le personnel de la suite. L'artiste que nous connaissons déjà, le jeune Mustapha, le fidèle Jean et le cocher Antoine étaient du voyage.

Dès le matin des Biskris avaient porté à bord la chapelle épiscopale, nos valises avec les immanquables cantines, et à midi nous voguions par un temps magnifique sur les flots azurés de cette belle mer, qui borde notre empire africain. Nous saluâmes en passant la presqu'île de Sidi-Ferruch, son marabout et sa petite tour (en espagnol Torre Chica) lieux à jamais célèbres par le débarquement de l'armée française. Nous nous trouvâmes ensuite en face d'une nouvelle Cabylie ; c'était le voisinage des redoutables Hadjoutes, et il n'aurait pas été sûr alors de relâcher sur ce rivage dont les côtes sont abruptes comme celles de l'Est.

Le soir il y eut division dans le personnel de la petite caravane. Le jeune peintre était avec Monseigneur et les prêtres à la table du capitaine ; Mustapha eut des soins à part, Jean et Antoine furent traités comme des passagers de l'état. Monseigneur et sa suite furent de la part du capitaine et de tout son monde l'objet d'attentions délicates et multipliées. Après le dîner on se promène sur le pont ; on franchit la barrière qui sépare la première classe de la seconde ; par tolérance du capitaine, on grimpe sur la dunette ; on respire avec délices le frais du soir et l'œil contemple avec ravissement ce ciel si pur et cette mer si brillante. Tout va à souhait.

La fraîcheur de la nuit commençant à se faire sentir, on se retire dans sa cabine ; on escalade, si l'on occupe le troisième étage, ce petit lit de planches fixes sur lesquelles est étendu un mince matelas. On s'allonge, si l'on n'est pas trop grand, en collant soigneusement les bras le long du corps, à peu près comme un mort dans sa bière. La tête repose sur un étroit oreiller et l'on a à sa gauche ou à sa droite, dans le compartiment voisin de la mer, une lucarne qui donne vue sur les flots. Il faut

avoir soin de la bien fermer, parce que si la mer
est mauvaise, la vague arrive par là et vous inonde
vous et vos voisins ; je dis vos voisins, parce que
si vous occupez le troisième étage, vous avez
au-dessous de vous deux lits pareils au vôtre, et en
face trois en tout conformes aux premiers et qui
en sont séparés par un passage où deux personnes
ne peuvent passer à la fois. Au-dessus de vos
pieds s'emboîte dans un cercle de fer ou de cuivre
une cuvette, meuble bien nécessaire quand le mal
de mer se déclarera. Outre ces cabines ordinaires,
il y en a de privilégiées qui n'ont qu'un seul lit ;
telle était celle qui avait été réservée à Mgr
Dupuch. M. l'abbé Bernadou et moi en occupâmes
une à six places, mais nous étions seuls et ad-
mîmes Jean et Mustapha. La prière étant faite,
non pas publique et pour tous, comme l'a si
bien décrite Chateaubriand, mais en particulier,
nous nous couchons et nous endormons paisi-
blement, comptant le lendemain être à Oran de
bonne heure.

Nous avions compté sans notre hôte, c'est-à-
dire, sans celui qui gouverne à son gré le ciel, la
terre et la mer. Pendant la nuit des coups de vagues aussi violents que des coups de tonnerre
nous réveillent; c'est la tempête. Quelques-uns
crient : où sommes-nous? où nous emporte le vent?
Une voix répond : à la garde de Dieu et du capitaine ;
et pourtant personne ne bouge, si ce n'est pour sai-

sir la cuvette, car alors le mal se déclare et on n'entend de toutes parts que le bruit de la cuvette et les pénibles efforts de ceux qui lui parlent ; heureux les voisins qui ne font qu'entendre. Mgr Dupuch était favorisé ; il n'avait jamais le mal de mer et riait volontiers en nous voyant faire. Quand tout le monde était malade à bord, il se mettait à table et dînait gaîment.

Le reste de la nuit se passe dans ce travail et ces soins peu agréables ; la tempête continue à mugir et la lame à battre les flancs du navire. Le jour venu les mousses arrivent apportant à l'un du thé, à l'autre des citrons ; puis ils se mettent à faire la toilette du navire qui en avait grand besoin. Nous demandâmes alors où nous nous trouvions : on nous répondit : près de la terre, dans la baie de Chenouah. Nous étions moins avancés que la veille. Nous avions bien marché pendant une partie de la nuit et étions près de Cherchell, lorsque la tempête s'éleva et nous obligea de revenir en arrière. Heureusement le capitaine connaissait bien la côte, et quand il vit qu'il était impossible de lutter contre la violence du vent, il se souvint de cet abri et fit manœuvrer pour y arriver. Sans cette heureuse baie, il fallait, pour éviter d'être jeté à la côte et brisé contre les rochers, courir au large, et dans ce cas nous aurions été emportés peut-être jusqu'à Tunis. Le capitaine nous fit dire dès le matin que nous étions en lieu sûr et que nous y attendrions la fin du mauvais temps. A cette nouvelle dans son enthousiasme un des prêtres entonna le *te deum*.

Quand nous fûmes un peu remis par le thé que nous apportaient les mousses, nous sortîmes de nos cabines et vîmes avec admiration une petite baie, mais si petite que deux ou trois bâtiments auraient eu de la peine à y tenir, et au-dessus de nos têtes un énorme rocher presque taillé à pic qui nous garantissait du vent. Au large, nous voyions les vagues furieuses s'amonceler et se poursuivre les unes les autres. Des arabes parurent au bas de la montagne ; nous demandâmes au prélat son agrément pour descendre à terre ; il s'y refusa et fit prudemment. Cependant dans l'après-midi, le capitaine ayant envoyé, en les faisant bien accompagner, des gens du bateau pour acheter à ces mêmes arabes des provisions, le jeune Mustapha et l'artiste s'aventurèrent à leur suite, et causèrent avec eux. Les arabes ne voulurent vendre qu'un mouton et ils le firent payer fort cher. C'était un faible secours pour le long-temps que nous passâmes là. Nous y restâmes cinq jours entiers et n'arrivâmes à Oran que le septième après notre départ d'Alger. Mais revenons pour dire un mot seulement de divers points que nous vîmes en passant.

Le premier que nous rencontrâmes en quittant la baie de Chenouah fut Cherchell, autrefois Césarée et plus anciennement Yol. Juba ayant été fait prisonnier par les Romains, dans une guerre où son père avait péri, fut, jeune encore, emmené à Rome et élevé parmi les enfants des familles patriciennes. Replacé par Auguste sur le trône de son père, il se montra reconnaissant. Il n'embellit pas seulement Yol, sa capitale; il la transforma en une nouvelle ville, qu'il nomma Césarée, pour faire sa cour à Auguste. Il accoutuma peu à peu ses sujets à la domination romaine et les gouverna avec sagesse jusqu'à un âge très avancé. Césarée était alors une grande ville, comme en font foi son enceinte encore reconnaissable, ses magnifiques tombeaux, son port, et mieux encore l'histoire de ce temps. Elle n'est aujourd'hui qu'un gracieux village, assis sur une plaine qui s'étend le long des collines et qui étalait, lorsque nous passâmes, une ravissante verdure.

Après avoir laissé Ténès, l'ancienne *Cartenna* des Romains, qui n'offre rien de remarquable que l'élévation de son rivage, nous passâmes devant Mostaganem dont nous parlerons plus tard. Nous entrâmes ensuite dans les eaux d'Arzeu, l'*Arsenaria* des anciens. Nous admirions ce vaste port que les Romains appelaient le port des Dieux (*portus divinus*). *Arsenaria* n'était point à l'endroit où s'élève aujourd'hui Arzeu, mais à l'est à un quart de lieue environ, au lieu où se trouvent des ruines et qu'on appelle avec raison le vieil Arzeu. Ce mot, comme on le voit, est une corruption d'*Arsenaria*.

Quelques heures après nous doublâmes un cap,
et l'on cria : Oran ! En effet nous entrâmes dans une
sorte de mer intérieure, bornée d'un côté par le
cap que nous quittions, de l'autre par la pointe
de Mers-el-kebir, et qui s'avance jusqu'à Oran.
C'est ce magnifique port, ouvrage de la nature,
que les Romains appelaient le grand port (*portus
magnus*). L'Arabe n'a fait que traduire en sa langue
le nom latin : il a dit, et nous disons après lui Mers-
el-kebir (port-le-grand). M. Avio alors et encore
capitaine de la santé dans ce port, vint saluer
Mgr Dupuch et se mit à sa disposition pour lui et pour
nous. Le prélat accepta ses bons offices et lui recommanda sa chapelle et nos bagages. Nous avons
tous profité de sa complaisance ; mais j'en ai usé
plus que les autres, parce que lors de mon séjour
à Oran j'ai fait pendant près d'une année le service
de Mers-el-kebir et reçu chez lui la plus aimable
hospitalité. Je suis heureux de lui donner ici ce témoignage public de ma reconnaissance. Avant de
débarquer, nous vîmes sur le port des voitures de
toutes sortes qui stationnaient sur le quai : c'étaient
des cabriolets, des fiacres, des *omnibus* qui faisaient le service entre Oran et Mers-el-kebir. Le
prélat en mettant pied à terre en choisit une et
nous montâmes avec lui, M. Bernadou et moi. Bientôt nous arrivâmes aux bains de la reine. Ce sont
des eaux Thermales qu'on peut boire impunément
en grande quantité et dans lesquelles on se baigne
avec délices. Elles sont placées sous la route que

nous parcourions, et se trouvent presqu'au niveau de la mer. En construisant cette route, qui va bientôt faire place au chemin de fer, les Français avaient enseveli la source sous les blocs de pierre détachés de la montagne. Elle est aujourd'hui découverte et on y a placé quelques baignoires. C'est peu pour l'exploitation d'eaux si bienfaisantes. Elles portent le nom de bains de la Reine, parce qu'une reine d'Espagne, dont les médecins désespéraient, s'y fit transporter et y recouvra la santé.

A mesure que nous parcourions cette route, attachée comme un ruban aux flancs de la montagne, un phénomène curieux et que j'ai souvent remarqué depuis attira notre attention. Tandis que nous avancions, les deux pointes de Mers-el-kebir et du cap opposé, se rapprochaient toujours davantage, et lorsque nous fûmes arrivés à un certain point, notre œil trompé n'apercevait plus qu'un passage étroit entre le port et la mer, et cependant en réalité la distance d'une pointe à l'autre est d'une lieue environ. Plus loin nous traversions un tunnel taillé dans le roc et peu d'instants après nous entrions dans Oran.

Oran est divisé en deux par un ravin. En entrant par la porte où aboutit la route que nous avions suivie, on a sur sa droite dans la première moitié d'Oran, la nouvelle église, construite sur l'emplacement de l'ancienne, et dans laquelle on a

conservé le sanctuaire espagnol ; elle est dédiée
à saint Louis et j'ai eu le bonheur d'en bénir et
d'en poser la première pierre ; on a de ce même
côté, toujours à sa droite, le couvent des dames
Trinitaires, la Casbah, l'ancien fort espagnol où
se voient encore des traces évidentes du dernier
tremblement de terre (1792) et enfin des montagnes qui semblent prêtes à tomber sur vous et
qui sont de plus couronnées par un fort en ruines.
A gauche et dans l'autre moitié de la ville, se
présente le quartier de la marine, relié par le
quai, bientôt par le chemin de fer, à Mers-el-
kebir. Dans ce quartier, à mi-côte à peu près,
on aperçoit une superbe mosquée, la principale
d'Oran, et enfin au sommet, dominant le mur et
une partie de la ville, le château, autrefois résidence du dey, aujourd'hui la demeure du lieutenant-général de la province. Là commence le quartier Napoléon qui s'étend jusqu'à la porte St-André,
nom qu'un fort voisin lui a donné. Par-delà est le
village de Karguentah qui croissait à vue d'œil,
lorsque j'ai quitté Oran.

Le ravin est au milieu. A travers ce ravin coule
une eau très pure et très abondante qui sort du
rocher à l'endroit où le chemin de ceinture coupe
le ravin. Autrefois des jardins délicieux couvraient
les deux bords du ruisseau. Aujourd'hui un vaste
et solide conduit, dans lequel un homme passe debout, a reçu les eaux ; le terrain a été nivelé ; d'é-

légantes maisons ont pris la place de la verdure, et les deux côtés de la ville se sont donné la main. Un jour nos neveux ne pourront, et à présent même ceux qui voient Oran pour la première fois, ne peuvent se faire une idée de l'aspect singulier et gracieux que présentait cette ville, lorsqu'elle avait, entre les deux parties qui la composaient alors, de beaux jardins, des arbres fruitiers, une eau courante et limpide, toutes choses si agréablses sous ce climat brûlant.

A peine étions-nous descendus au presbytère, qu'un aide-de-camp du général Lamoricière vint, suivant l'usage, prier à dîner monseigneur et sa suite. Il fut réglé avec lui que nous n'irions pas deux fois au château et que le lieutenant-général recevrait notre visite le soir avant le dîner. Nous nous installons au presbytère; M. l'abbé Drouet, curé d'Oran, cède au prélat son salon et sa chambre à coucher et s'établit dans une pièce voisine de celle-ci et qui n'en est séparée que par une toile, genre de mur vite construit et qui a l'avantage de laisser à l'air une libre circulation. M. l'abbé Bernadou occupa dans le presbytère une autre petite pièce, et j'allai m'établir dans une maison que les P. Jésuites venaient d'abandonner. Oran fut le point central d'où nous rayonnâmes dans toutes les parties de la province. Pendant tout le temps qui précéda et suivit nos voyages, M. le curé d'Oran donna au prélat et à sa suite une noble et splendide hospitalité.

Le soir venu, on fait toilette, c'est-à-dire, qu'on jette sur ses épaules le petit manteau parisien, qui dans la capitale est d'un faible secours contre le froid, mais qui est fort commode en Afrique où les chaleurs sont étouffantes. Le manteau endossé et un rabat frais posé sous le menton, nous nous acheminons vers le château. Le château, c'est l'arche de Noé ; on y trouve tout-à-la-fois un fort, un palais et des jardins suspendus sur des rochers comme ceux de Babylone l'étaient sur ses murs. C'était avant la conquête la résidence du dey et aujourd'hui celle du commandant de la province. Outre la partie qu'il occupe et qui est un véritable palais, on a réuni dans cette vaste enceinte la poste, le trésor, la caserne etc. Cet immense édifice est environné de tous côtés de remparts qui s'élèvent à une grande hauteur et dont une partie regarde la ville et l'autre la mer.

Nous entrons, et c'est dans un de ces jardins suspendus que le général nous reçoit. Les premiers compliments échangés, on s'assied, on cause avec bonheur sous ce ciel délicieux, et quelque temps après on se lève pour se mettre à table. Encore une salle féérique, toute resplendissante de l'éclat des ornements, des lustres et de la vaisselle. Mgr Dupuch occupa la place d'honneur, comme il convenait ; et j'eus la gauche du général, comme vicaire-général de la province. J'avoue que ce fut pour moi un moment de bonheur. Vous qui aimez les lettres, vous savez qu'on se passionne pour les héros d'Homère, de Virgile et des autres poètes. En lisant les combats de nos guerriers en Afrique je faisais de même et prenais parti pour eux. Or, celui qui m'apparaissait toujours comme environné d'une auréole, c'était Lamoricière. Ce culte allait si loin que de retour à Paris, après mon premier voyage en Afrique, et, sans avoir jamais vu le général, j'allai visiter l'institution Jubé où il avait achevé ses études, et ne fis point mystère au chef de l'établissement du motif qui m'amenait; il eut la bonté de me faire parcourir la maison et me montra la chambre qu'avait occupé le général encore élève.

Après le dîner, M. de Lamoricière me prit à part. Il y a, me dit-il, des affaires à régler dans cette fabrique d'Oran. On m'en a parlé quelquefois; mais vous le comprenez, ce n'est pas là mon affaire. C'est la mienne, général, lui dis-je, et j'espère vous délivrer de ce soin, dès que Monseigneur aura visité la province et sera reparti pour Alger. Là commencèrent entre M. de Lamoricière et moi des rapports qui sont toujours allés croissant en bonté de la part du général, et pour lesquels j'ai pu lui témoigner ma reconnaissance dans une occasion importante dont il est inutile de parler ici.

Deux jours après un mouvement des tribus emporta le général dans les environs de Mascara. De

son côté Mgr Dupuch se disposait à visiter Arzeu.
Avant son départ, le général Thierri, qui remplaçait M. de Lamoricière, vint voir le prélat et le
pria de rester pour célébrer à Oran la fête du Roi,
ou, s'il allait à Arzeu, de revenir pour le premier
mai. Nous touchions à la fin d'avril et Mgr Dupuch
tenait à voir Arzeu avant la fête. Il fut donc réglé
entre le général et lui qu'on ne mettrait que trois
ou quatre jours pour le voyage d'Arzeu et qu'on
serait de retour à Oran le premier mai.

Le lendemain conduits par les guides arabes
que nous avait donnés le général, nous chevau-
chions vers Arzeu à travers champs, montagnes et
vallées, car il n'y avait pas trace de route. Nos
guides n'étaient pas aussi bien disciplinés que ceux
de la province d'Alger et de Constantine, et nous
cédâmes nous-mêmes trop facilement au désir de
voir le pays. A une heure d'Oran environ on se débande, on court à l'avanture à droite et à gauche ;
nos guides avaient passé les uns d'un côté, les au-
tres de l'autre. En un mot, une partie de la caravane était perdue dans les broussailles ou derrière
les montagnes. Le prélat, plus prudent que nous,
s'arrête ; un groupe se forme autour de lui ; quelques-uns des guides le rejoignent, sonnent du cor
et bientôt tout le monde est retrouvé. Le prélat dé-
fend alors qu'on se sépare désormais, et la caravane
se remet en route.

En tournant la montagne des lions qui nous séparaît de la mer, nous faisons sortir du milieu des broussailles une gazelle qui part comme un trait. Nos guides, Mustapha et le jeune artiste lancent leurs chevaux à sa poursuite ; mais la gazelle, cette merveille de légèreté et de grâce, leur échappe et va rejoindre ses compagnes dont elle s'était, comme nous, imprudemment séparée ; car ordinairement c'est par bandes qu'elles vont.

Vers les onze heures, avant de prendre à gauche pour gagner Arzeu, nous rencontrâmes une source et nous fîmes halte, car en Afrique c'est toujours une source ou un cours d'eau qui détermine la halte et la couchée. Remontés à cheval, nous descendîmes bientôt la côte qui mène au port des dieux (*portus divinus*) dont nous avons déjà parlé. En descendant cette côte, nous trouvâmes une autre source très abondante : ses eaux limpides jaillissaient avec force et roulaient ensuite sur cette pente à travers les broussailles. Les Romains les avaient autrefois conduites jusqu'à *Arsenaria*, qui en est éloignée de deux lieues, et le génie voulait à son tour les amener à Arzeu où elles seraient fort nécessaires, cet endroit n'ayant que des puits dont l'eau est à peine suffisante au besoin des habitants, bien loin qu'elle puisse servir à l'irrigation des jardins.

Nous fûmes reçus à Arzeu par deux de ces familles dont on se souvient toujours, quand une fois on les a connues, la famille Coural et la famille

Martin. Le commandant de place voulut aussi avoir sa part dans l'hospitalité offerte au prélat et à sa suite ; il donna un lit à M. l'abbé Bernadou et à moi ; et nous dûmes pour ne pas le désobliger nous asseoir une fois à sa table. Mgr Dupuch était logé dans la maison Coural où il était regardé comme un père. Rappelant par sa bonté St-François-de-Sales, le prélat confessait les enfants de la maison. Un membre de la famille Martin faisait, Arzeu n'ayant pas encore de curé, le catéchisme aux enfants du pays et les préparait à la première communion.

Le jour même de notre arrivée, nous allâmes visiter la caserne dont la construction était assez avancée. Mgr Dupuch était attendu. Dans l'une des salles du nouvel édifice, on avait dressé un autel en bois, et on l'avait décoré de draperies et de guirlandes entremêlées de fleurs. Après avoir visité le lieu où il devait le lendemain dire la messe, le prélat revenait à la maison et on lui présentait les enfants pour les bénir. Il les accueillait avec empressement comme le divin maître. Or, parmi ces enfants, il s'en trouva un d'une précocité et d'une intelligence rares. Il avait huit ou neuf ans au plus. Enhardi par la bonté que le prélat témoignait à ses petits camarades, il s'approche et lui dit d'un ton résolu : — Evêque, viens dîner chez moi. — Mon petit ami, lui répondit le prélat, je le veux bien, et prenant la chose au sérieux, l'enfant le tirait par sa soutane et insistait en répétant avec plus de force : — viens, je te dis, tu dîneras

chez moi. Le prélat ayant demandé à qui appartenait cet enfant, la mère qui était dans la foule s'approcha timidement, le pria d'excuser l'enfant et dit
à ce dernier : — Mon fils, nous ne pouvons pas recevoir Monseigneur, comme il le mérite : — Si ! si !
reprit l'enfant qui voyant les autres manger chez
lui, trouvait tout simple que l'Evêque fit de même.
Le facile prélat lui donna raison en allant, non dîner, mais visiter la petite auberge, je dirais volontiers la cantine, que tenait sa mère et qui n'était
qu'à quelques pas de là.

Le lendemain le prélat dit la messe dans la caserne
transformée en église. La population d'Arzeu, encore peu considérable, s'y rendit toute entière.
Emu de cette empressement, de la gracieuse parure
de cette chapelle improvisée, et peut-être aussi de
la scène du petit enfant, le pontife épancha son
âme dans un discours qui remua tous les cœurs
et fit sur l'assistance la plus vive impression.

Notre temps était limité à Arzeu ; suivant la pro-
messe faite au général Thierri nous devions être
à Oran le premier mai et par conséquent repartir le
surlendemain de notre arrivée. M. Coural reçut le
prélat le matin et le traita magnifiquement. Le soir
M. Martin voulut avoir son tour et il fallut bon gré
malgré subir un second festin.

Dans une course aussi rapide, nous ne pûmes voir
les belles salines voisines d'Arzeu et qui en feront
un jour la fortune. J'ai eu plus tard le plaisir de

revoir M. Coural à Oran ; c'était au moment où
Monseigneur Dupuch venait de donner sa démission. Ce brave marin qui avait fait le tour du monde
avec le capitaine Fourichon, aujourd'hui commandant de notre marine à Alger, en était visiblement
ému : Quelque part qu'il aille, me dit-il, avec un
accent qui trahissait sa douleur, quelque part qu'il
aille, j'irai le voir, serait-il au bout du monde ! Il
m'a fait trop de bien à ma famille et à moi. Tels
sont les sentiments que Mgr Dupuch inspirait même
à ceux qu'il ne voyait qu'en passant.

Conformément à la parole donnée au général
Thierrî, nous étions à Oran le premier mai. Cette
ville ne possédait alors, outre la chapelle des dames
Trinitaires, qu'une église, ou plutôt qu'un sanctuaire, débris de l'église espagnole, lequel a été,
comme je l'ai dit, conservé dans l'église nouvelle,
et une mosquée qui est devenue la paroisse St-
André. Tous ces édifices étaient trop étroits pour
recevoir l'armée et la population qui voulaient solen-
niser ce jour et assister à la messe. Par les soins du
général, un autel auquel on arrivait par un grand
nombre de marches et qui s'élevait à une très
grande hauteur, avait été dressé hors de la ville,
sur les collines de Karguentah. Des toiles d'une
blancheur éclatante recouvraient les gradins sur
lesquels brillaient de beaux chandeliers, apportés
de tous les sanctuaires d'Oran, et entremêlés de
vases de fleurs, aux couleurs vives, telles que
les produit l'Afrique. Nous arrivions à cet autel

en foulant sous nos pieds de riches tapis. De bonne heure, les troupes de toutes armes, échelonnées en face de l'autel et sur différents points à droite et à gauche, présentaient un coup d'œil ravissant. Bientôt le roulement des tambours se fait entendre. La messe commence et se poursuit à travers les fanfares, tantôt bruyantes et rapides, tantôt lentes et solennelles de la musique militaire. A l'élévation, le canon du château d'où l'on apercevait l'autel, tonne à diverses reprises ; tous les coups, répercutés par les échos, retentissent d'une manière formidable dans les vastes gorges qui environnent Oran. Il est difficile de rendre l'impression que font sur l'ame toutes ces choses réunies, le bruit des tambours, le tonnerre du canon, la vue des lieux nouvellement conquis, les braves qui au moment solennel fléchissent le genou et Dieu qui descend au milieu de son peuple pour le bénir. Les arabes, attirés par la majesté de ce spectacle, étaient en grand nombre autour de nous, aussi recueillis que les chrétiens. Avant d'achever la messe, le pontife adresse à cette foule immense une véhémente allocution qu'un petit nombre seulement put entendre. Il fit pour le roi et ses fils des vœux que le ciel n'a pas entendus, et termina en donnant solennellement la bénédiction à l'armée et à toutes ces races diverses réunies autour de l'autel.

Le soir le général Thierri réunissait à sa table

le prélat et sa suite avec tous les chefs de l'armée. Après le dîner il fut question du voyage de Tlemcen. Mgr Dupuch désirait vivement visiter cette ville ; mais le général qui avait déjà empêché une fois ce voyage n'était pas encore très disposé à le permettre ; c'est-à-dire, à donner les chevaux et l'escorte nécessaires pour faire quarante lieues sur la frontière du Maroc et parmi des tribus souvent en révolte et bien éloignées d'être aussi pacifiques que celles de la province de Constantine. Cependant il se laissa gagner et commanda le soir même les chevaux et l'escorte. Nous nous disposâmes donc à partir. Le capitaine Bernadou devait être du voyage, mais une chûte de cheval qu'il fit l'en empêcha et retint même auprès de lui M. l'abbé Bernadou, son frère. M. le curé d'Oran le remplaça, et nous nous mîmes en route.

Après avoir marché une heure environ le long des hautes montagnes d'Oran et sur le bord des ravins creusés à leur pied, nous descendîmes une pente douce et nous aperçumes Miserguin. C'est un village placé à l'endroit où finissent les hauteurs que nous avions côtoyées. De vastes prairies s'étendent depuis le village jusqu'au lac voisin. De belles eaux descendent des montagnes et se répandent de tous côtés. Par ses orangers Miserguin rappelle Blidah, et par ses fièvres, Bouffarick. Elles ont pour cause dans ce dernier endroit les eaux qui descendent du Sahel et de l'Atlas, et qui n'ayant pas d'écoulement croupissaient jadis dans la plaine. A Miserguin, ce sont les exhalaisons du lac, desséché en partie durant l'été, qui les produisent. Les colons avaient fait quelques jardins et le gouvernement essayait d'y créer une pépinière ou jardin d'essai sur le pied de celui d'Alger.

Nous traversâmes, sans nous y arrêter, ce gracieux village dont les habitants s'étaient mis devant leurs portes et aux fenêtres pour voir passer la caravane, et nous allâmes jusqu'à Bridja, où nous fîmes halte. Nous descendîmes dans une belle prairie et nous mîmes à explorer des marécages qui se trouvent là. En avançant nous découvrîmes un endroit où l'eau était très abondante et très belle. Il y avait là des femmes arabes en assez grand nombre.; elles lavaient des hardes ou puisaient de l'eau. Nous nous éloignâmes pour ne pas les troubler, et faisant un détour, nous cueillîmes des fleurs que nous foulions en abondance sous nos pas. En les présentant au prélat, un de nous lui dit : voilà, monseigneur, le tribut que vous paye à votre passage à Bridja votre province d'Oran; par leurs variétés et leurs vives couleurs ces fleurs représentent assez bien le nombre et l'éclat de vos vertus, et à son compliment il ajusta tant bien que mal ces vers de Delisle:

Fleurs charmantes, por vous la nature est plus belle :
Dans ses brillants tableaux l'art vous prend pour modèle;

Simple tribut du cœur, vous êtes tour à tour,
Offert par l'amitié, le respect et l'amour.

Le prélat entendit les vers avec plaisir, accepta les fleurs, et nous remontâmes à cheval;

Nous suivîmes pendant une partie du jour et sous un soleil brûlant les bords monotones du lac dont j'ai parlé; arrivés au bout, nous nous engageâmes sur un terrain, un peu élevé, à travers des broussailles et où apparaissaient de loin en loin quelques arbres, et le soir nous étions aux puits de Bourchache. Il y avait là une belle prairie artificielle, des champs où le blé était encore sur pied, et un grand nombre de puits dont l'eau était à fleur de terre et qui font de cet endroit une station précieuse. Un homme avec sa femme et deux enfants tout jeunes habitaient cette solitude. Il avait élevé une baraque en planches, laquelle il appelait pompeusement son auberge. Il vendait en effet du vin, des œufs, des poules que lui apportaient les arabes de la tribu voisine, et donnait à manger aux passants. L'un de ces deux enfants n'était pas baptisé; au retour Mgr Dupuch lui donna le baptême et j'en fus le parrain. Je demande la permission d'achever l'histoire de ce brave homme. Trois mois après, je le revis en allant installer un curé à Tlemcen. Le convoi, quand nous revînmes, s'arrêta là une demi-journée. Le braconnier me proposa d'aller voir la tribu dont j'ai parlé et qui était à une demi-lieue en-

viron des puits. — Et si les arabes nous coupent
le cou, lui dis-je en riant? — Il n'y a pas de danger, reprit-il. Ils viennent ici ; je leur rends service, quand je puis, et ils m'apportent du lait,
du beurre, des fruits, de la volaille et parfois du
gibier. — Eh bien, allons. — Le braconnier prit
son fusil à deux coups, et nous voilà en route.
Dès que nous approchâmes, ou plutôt tandis que
nous étions encore assez loin, les mille chiens de
la tribu se mirent à aboyer d'une manière effrayante. — Nous allons être dévorés, dis-je à mon
compagnon. — N'ayez pas peur, me dit-il ; les
arabes vont sortir et les feront taire. En effet
quelques arabes se montrèrent et vinrent à nous;
mais malgré tous leurs efforts, ils avaient beaucoup de peine à nous défendre de leurs gardiens. A
leur suite cependant nous nous glissâmes à travers les tentes rangées en rond, suivant l'usage,
et enfermant au milieu un espace assez vaste où
se trouvaient réunis pêle-mêle les chevaux, les
moutons, les poules, et les enfants dont quelques-
uns dans un état de nudité complète. On nous
invita à entrer dans la tente principale ; nous nous
assîmes par terre, selon la coutume arabe, mais
sur d'assez bons tapis. On nous apporta aussitôt
le lait, le couscoussou et des fruits. Nous mangeâmes, parce que refuser serait faire injure à
l'arabe. Pendant que nous étions là, une femme
déjà âgée, se présente, portant dans ses bras un
enfant à qui elle faisait d'affectueuses caresses, et

elle nons montrait de la main un autre grand et beau jeune homme qui la suivait. — C'est son fils, dis-je au braconnier? — Non, me répondit-il ; c'est elle qui l'a allaité ; elle en est fière et c'est pour cela qu'elle vous le montre. L'heure pour le départ du convoi approchant, nous prîmes congé de nos hôtes et les arabes nous accompagnèrent pour nous défendre au départ comme ils l'avaient fait à l'arrivée. Au moment où nous mettions le pied hors de l'enceinte, un oiseau de proie venait à notre encontre volant lentement. — Vous voyez cet oiseau, me dit le braconnier ; eh bien, il est à moi. En effet, il attendit un peu, et le tira. L'oiseau atteint par le plomb commença à tournoyer dans l'air et tomba par terre. On courut sur lui, mais comme il n'était que blessé, il volait encore et cherchait à nous échapper. Le braconnier se mit à le poursuivre et s'en empara. C'était un vautour. Il avait une aile cassée, et point d'autre blessure. Or, pendant que le braconnier et les arabes poursuivaient le vautour, les chiens de la tribu oublièrent la consigne et l'un d'eux emporta un pan de mon burnous. Le maître du chien accourut aussitôt, chassa l'animal avec de grandes menaces, et me fit par signes des excuses aussi intelligibles, que s'il s'était exprimé en bon français.

Mais revenons aux puits de Bourchache. Nous passâmes la nuit sous la tente, car nous n'aurions pu trouver place dans la baraque du braconnier; et le lendemain de bonne heure, nous étions de nouveau en route. Après avoir traversé de jolis bois, nous arrivâmes sur les bords du Rio Salado (la rivière salée) et nous fîmes halte. Il porte bien son nom, car ses eaux sont salées, surtout en été, lorsqu'elles diminuent par l'effet de la chaleur. Les cours d'eau salée sont du reste fréquents dans cette province. Il nous arrivait souvent de rencontrer une eau limpide qui traversait notre route. Un cavalier descendait, en portait à la bouche dans le creux de sa main, faisait la grimace et criait: elle est salée, ne descendez pas.

Dans cette halte, le prélat intéressa toute la caravane en racontant la mort de Barberousse, arrivée sur les bords du Rio Salado. « Maître d'Alger, de Ténès, de Miliana, le fameux Barberousse, « dit-il, s'était encore emparé par surprise de « Tlemcen où nous allons, et avait défendu aux « habitants d'entretenir aucune relation avec les « Espagnols, alors maîtres d'Oran et qui tiraient « de Tlemcen la plus grande partie de leurs vivres. « Le marquis de Comarès, gouverneur d'Oran s'en- « tend avec Bou-hamoud, le sultan dépossédé par « Barberousse, et lui confie une partie de la gar- « nison qu'il a sous ses ordres. D'autres arabes « se joignent à eux et tous ensemble vont assiéger « Barberousse dans Tlemcen. Celui-ci s'enferme « dans le Méchouar (la citadelle) en face duquel « est aujourd'hui l'église. Le siège est poussé

« régulièrement et avec vigueur, et, au bout de
« vingt-six jours, Aroudj, pour l'appeler une fois
« par son nom, désespérant de tenir, sort avec
« une partie de sa troupe, perce les lignes en-
« nemies et prend la fuite, pensant que les as-
« siégeants entreraient dans Tlemcen et le lais-
« seraient tranquillement regagner Alger. Mais il
« n'en fut pas ainsi. Les Espagnols se mirent à sa
« poursuite et le serraient de près. Avant d'arriver
« au Rio Salado, où nous sommes, et pour se donner
« le temps de mettre cette rivière entre lui et ses
« ennemis, il eut recours à un stratagème. Il fit
« semer sur sa route, de distance en distance, les
« bijoux, la vaisselle, l'or et l'argent qu'il empor-
« tait avec lui, persuadé que les Espagnols, s'amu-
« sant à les ramasser, lui donneraient le temps de
« passer la rivière. Vain espoir : les Espagnols lais-
« sent l'or, le poursuivent sans relâche et l'attei-
« gnent au moment où il se disposait à traverser
« le fleuve. Alors Barberousse, déterminé à mourir,
« fait faire volte-face à sa troupe et la forme en
« carré. Ses gens combattent comme des lions ; à
« la fin, ils succombent, accablés par le nombre.
« Barberousse acculé contre un mur se défendait
« encore avec le seul bras qui lui restait, ayant de-
« puis longtemps perdu l'autre devant Bougie. Un
« officier espagnol, don Garcia de Tineo, étonné de
« cette intrépidité et de l'air farouche du guerrier,
« finit par lui percer le cœur d'un coup de pique.
« Il fut facilement reconnu après le combat. Sa

« tête fut portée à Oran, sans doute par les Arabes,
« qui se trouvaient mêlés avec les Espagnols, et
« son caftan servit à faire une chape. » Partis sous
le charme de ce récit, nous arrivions le soir à Aïn-
Témouchen.

Il y avait là un camp dans une charmante position. Les tentes étaient dressées sur la pente d'une
colline ou plutôt de plusieurs collines qui s'appuyant
l'une sur l'autre descendaient jusqu'au ravin
par lequel elles étaient séparées des montagnes qui
s'élèvent en face. Toutes ces collines et ces montagnes étaient couvertes d'une belle verdure. Ce
lieu semblait préparé pour un grand spectacle.

Le commandant du camp nous accueillit avec
empressement et nous donna l'hospitalité sous sa
tente avec autant de grâce que les généraux dans
leurs palais. Cette tente n'était pas de grande dimension ; la table se conformant à sa configuration
s'allongeait en parallélogramme. Nous eûmes de la
peine à nous arranger autour de ces ais ajustés à
la hâte, ce qui ne nous empêcha pas de souper
gaîment. On ne resta pas longtemps sous ce toit où
nos têtes touchaient de tous côtés, et après le
souper on sortit pour respirer l'air et jouir de la
fraîcheur du soir. C'était un samedi et il fut arrêté
que le prélat dirait le lendemain la messe dans
le camp.

Mgr Dupuch se retira de bonne heure, suivant sa
coutume. Les autres habitués de la tente, c'est-à-

dire, M. le curé d'Oran, l'artiste, Mustapha et le fidèle Jean l'imitèrent à divers intervalles. Je me promenai un peu plus longtemps pour jouir du frais et de ce ciel vraiment délicieux. En entrant dans la tente je cherchais mon lit. Il est bon de dire ici qu'instruit par l'expérience, j'avais fait quelque progrès dans mon ameublement de campagne. Mon frère le capitaine m'avait donné un tapis de campement, fait de poil de chameau, fort dur et très épais; plié en quatre, il faisait juste la longueur et la largeur du corps, et me préservait à merveille de l'humidité. A ce tapis j'avais ajouté un véritable objet de luxe, une peau de mouton, garnie de sa blanche et épaisse toison. Je mettais la peau de mouton sur le tapis, ma selle contre la toile de la tente en guise d'oreiller, et enveloppé dans mon manteau, j'étais couché comme un pacha. Ce soir là la peau de mouton était absente. Je m'approchai du fidèle Jean pour en avoir des nouvelles; il ne voulut pas trahir son bon maître et m'envoya à Mustapha. Pendant que je parlais à voix basse à ce dernier, des rires mal comprimés partirent du lit épiscopal et de celui de l'artiste. Craignant moins alors de réveiller des gens qui ne dormaient pas, je dis tout haut : ma peau, Mustapha, ma peau ! A cette parole M. le curé d'Oran, soulevant un peu la tête : votre peau, me dit-il, mais la laissez-vous quelquefois et allez-vous sans elle? Les rires alors firent explosion, et m'associant à l'hilarité générale, je répétai à dessein : ma peau, ma peau, vous dis-je, ou je démonte tous les lits. Mustapha un peu rassuré m'avoua qu'il l'avait mise au lit du prélat. Pourquoi, lui dis-je, ne pas m'en avertir? Est-ce que je ne donnerais pas pour lui la peau de mouton et l'autre? Là finit cette petite scène qui nous amusa souvent le long de la route et même longtemps après le voyage. Je m'arrangeai de mon mieux avec mon tapis et ma selle, je soufflai la bougie suspendue au pilier de la tente et dormis comme un prince.

Le lendemain, dimanche, nous vîmes avec surprise un autel que les soldats avaient, pendant la nuit, dressé sur ces collines. Il dominait le camp et était fait en planches, comme notre table de la veille, peut-être avec les mêmes. Une tente élevée au dessus mettait dans une certaine mesure à l'abri du soleil le célébrant et ses deux assistants. Le ciel était magnifique et le coup-d'œil ravissant. L'armée était échelonnée sur la pente ou dans les plis de ces collines et occupait tout l'espace jusqu'au ravin. Jean, l'introuvable Jean, avait préparé pour la messe ce qui était nécessaire au pontife et à ses assistants. Cet autel improvisé, l'armée sous les armes, des arabes qui s'étaient glissés derrière la tente sacrée pour voir la cérémonie, d'autres accourus de loin et qui garnissaient les montagnes placées en face, tout cela formait un spectacle qui remuait profondément le cœur. Nos soldats étaient attendris; plusieurs, ainsi qu'ils nous le dirent ensuite, étant continuellement en course, n'avaient entendu la messe qu'une seule fois depuis leur arrivée en Afrique. Les arabes revenus du préjugé qui d'abord leur avait fait regarder les Français comme des athées, disaient : parmi les Français il y en a bien qui ne prient pas Dieu (Allah) ; mais il y en a qui le prient et qui le prient mieux que nous.

Cependant un roulement de tambour annonce que le sacrifice commence. A l'élévation le commandement *genou! terre!* retentit de distance en distance et les guerriers s'inclinent devant le dieu des armées. Le chant national *Domine salvum fac,* etc. suivi de la bénédiction pontificale, résonne à travers ces collines qui l'entendaient pour la première fois. A ce chant se mêlent avec éclat les fanfares de la musique militaire qui annoncent la fin de la cérémonie.

D'accord avec le commandant nous laissâmes là notre tente et nos cantines dont nous n'avions pas besoin à Tlemcen, et en quittant ces braves, nous leur dîmes : à revoir ! hélas ! c'était *adieu* qu'il fallait dire, et non pas *à revoir.* Pendant notre séjour à Tlemcen, une tribu voisine se souleva ; ils partirent pour la soumettre ; mais fidèles jusqu'au bout aux devoirs de l'hospitalité, ils firent charger notre bagage sur des mulets et des soldats du train nous l'apportèrent à Tlemcen. Le capitaine Froment-Coste m'écrivit à cette occasion.

Il me donnait la raison de ce qui s'était passé, et me rappelait le proverbe : en voyage, ne te sépare jamais de ton bagage. Infortuné ! six mois plus tard nous le pleurions lui et les six cents braves qui périrent à Sidi-Brahim avec le colonel Montagnac.

Presqu'au sortir du camp, nous nous trouvâmes devant le fort qui lui servait d'appui. Ce fort est sur la droite de la route, assis sur un rocher et entouré de murs alors à peine commencés. Les officiers étaient descendus sur la route pour saluer le prélat. Ils le prièrent de les visiter et d'accepter des rafraîchissemens ; nous mîmes pied à terre et montâmes au fort. Après l'avoir parcouru, visité les malades, et nous être rafraîchis, nous descendîmes pour reprendre nos chevaux et continuer la route. Je ne pus cette fois ni voir les environs ni visiter les ruines dont les officiers nous avaient parlé ; mais au retour d'un second voyage à Tlemcen, voyage dont j'ai déjà parlé, je passai là presqu'un jour entier et j'en profitai pour les examiner à loisir. Je me promenai longtemps sur le vaste emplacement qu'elles occupent. Ce sont des murs renversés, des édifices rasés, pour ainsi dire, à fleur de terre, en un mot, les débris d'une grande ville. Sa position était admirable, comme toutes celles que choisissaient les Romains. La cité détruite s'allongeait sur une colline élevée où l'on respire un air très pur, et voyait à ses pieds couler un ruisseau. C'est un point que les Romains n'ont jamais négligé, et partout où l'on rencontre les débris d'un fort, d'une station, d'une ville, on est sûr de trouver de l'eau dans le voisinage.

Remontés à cheval, nous suivions la route construite par l'armée; car en deçà d'Aïn-Témouchen et plus loin au delà, il en existait déjà des fragments considérables, et ces portions de route étaient aussi bien faites que nos plus belles routes de France. Un de ces fragments nous conduisit au camp de l'Ysser, assis sur la pente d'une montagne et aux bords mêmes de la rivière. L'Ysser est un cours d'eau, très violent pendant la saison des pluies, mais qui tarit presque en été, comme la plupart des cours d'eau en Afrique. Nous saluâmes nos braves sans nous arrêter, et traversâmes l'Ysser sur un beau pont en bois que le génie venait de construire. Nous fîmes une courte halte sur la rive gauche en face du camp français, et reprîmes bientôt notre route pour nous rapprocher ce jour-là, autant que possible, du terme de notre voyage.

Partis le lendemain à l'aube, nous arrivions vers les onze heures en vue de Tlemcen dont la situation est délicieuse. La ville est assise au pied d'une montagne d'où jaillissent en cascade des eaux magnifiques. Ces eaux se réunissaient autrefois dans un immense bassin, qui se trouve sur un des côtés de la ville. Ce bassin est admirablement construit; les murs et les glacis sont

faits avec des petits cailloux unis par un ciment
aussi dur que la pierre. Tandis que Tlemcen était
la capitale d'un grand royaume dont Alger même
dépendait, ses princes venaient s'y promener en
bateau ou même y simuler un combat naval. Il
était à l'époque de notre voyage, comblé en partie
de sable, de pierres et de décombres; l'eau ne
coulait plus que d'un côté le long de ses murs.
Une partie de la troupe était occupée à le net-
toyer et ce travail doit être achevé depuis longtemps. Des eaux plus abondantes encore se voyent
de l'autre côté de Tlemcen, à l'endroit qu'on appelle les moulins, parce qu'en effet elles mettent
plusieurs moulins en jeu. Il est difficile de se fi-
gurer le plaisir qu'on éprouve à voir sous ce ciel
embrâsé des eaux fraîches et limpides tomber en
cascade du haut d'un rocher, courir dans les rues,
et, après avoir servi aux besoins et aux plaisirs
des habitants, aller au gré d'un jardinier intel-
ligent arroser toute cette pente qui vient finir au
ravin.

C'est près de ce ravin que nous avions fait halte.
Après quelques moments de repos, nous franchîmes
un pont, et nous nous trouvâmes dans *le bois des
Oliviers*. Cette forêt, car c'en est une véritable, est
à un quart d'heure environ de Tlemcen. Nos oliviers
de Provence ne peuvent pas donner une idée de
ces beaux arbres, aussi grands que les chênes de
la forêt de Fontainebleau ou de St-Germain-en-
Laye. Le climat du reste à Tlemcen se rapproche

de notre climat de France ; il y tombe de la neige en hiver et nous y avons vu les arbres de notre pays, d'énormes noyers et des cerisiers qui réussissent à merveille. Mais ce qui nous a le plus frappés en ce genre, c'est un pied de vigne qui avait la grosseur d'un homme. Il était dans la ville même à la tête d'une rue dont la grande mosquée fait un côté et une rangée de maisons, l'autre ; on avait jeté des branches d'arbres des terrasses de la mosquée aux terrasses des maisons ; la vigne courait par-dessus et couvrait toute la rue : il a dû y avoir à la maturité plus de cinquante corbeilles de raisin. Cette longue pente qui descend au ravin et tous les champs d'alentour sont d'une fertilité ravissante. Une végétation des plus riches s'étalait de toutes parts à nos yeux, et les blés, qui commençaient à jaunir, trahissaient une grande fécondité dans le sol.

L'enceinte de Tlemcen est encore debout ; elle enferme une surface immense, et les trois cents mille âmes que lui donnent les historiens au temps de sa gloire (1500) pouvaient s'y mouvoir à l'aise. Il y a du chemin à faire pour arriver à ce chiffre. Cependant nous ne doutons point que Tlemcen ne devienne un jour une ville considérable. Le pays qui l'environne est le plus beau de notre conquête, bien que la province dont il fait partie soit inférieure aux deux autres pour la qualité du terrain, la nature et l'abondance des eaux. Tlemcen est par rapport à Djemma Gazaouet qui est sur la mer, comme Sétif par rapport à Bougie. Nous avons fait quarante lieues pour aller d'Oran à Tlemcen, et quand une route sera ouverte entre Nemours et cette ville, il n'y aura plus que quinze lieues entr'elles. Les colons européens trouveront alors le chemin de cette riche contrée et par là même voie les produits arriveront rapidement jusqu'à la mer.

Cependant nous gravissions la pente douce qui commence au ruisseau, et nous avancions vers la porte. Le général Cavaignac commandait alors à Tlemcen. Avant que nous eussions atteint l'enceinte, des soldats arrivent, s'emparent de nos valises et nous conduisent chez lui. Il fit au prélat l'accueil le plus distingué. Mgr Dupuch, M. le curé d'Oran et moi logeâmes au palais, ou plutôt dans l'élégante maison mauresque qu'il habitait, et pendant six jours que nous passâmes à Tlemcen nous n'eûmes point d'autre table que la sienne.

Le lendemain de notre arrivée, le corps des officiers vint faire visite au prélat, comme le général le lui avait annoncé la veille. Ils se réunirent dans la petite cour mauresque et le prélat leur adressa quelques paroles chaleureuses et pleines d'à-propos. Il avait pour ces sortes d'allocutions un talent tout particulier. Il savait non seulement l'arme et les corps qui se trouvaient sur son passage, mais les droits que chacun avait à l'estime et à la reconnaissance du pays. Il rappelait ces titres de gloire, et arrivait parfois jusqu'aux simples soldats que recomman-

dait quelqu'action éclatante. Ces militaires étaient
flattés de voir que rien de ce qui les regardait
n'était étranger au pontife, et leur satisfaction se
traduisait pour nous en prévenances et en attentions de tout genre.

Le général Cavaignac avait, bien avant l'arrivée
de Mgr Dupuch, restauré et transformé en église
une ancienne synagogue. Il avait dit aux juifs très-
nombreux à Tlemcen : Vous avez plusieurs syna-
gogues ; je n'ai point d'église pour mon culte ;
vous m'en donnerez une ; et les Israélites faisant
de nécessité vertu l'avaient cédée gracieusement.
Il y avait aussitôt mis les ouvriers, et l'église était
presqu'entièrement restaurée, quand le prélat
arriva. Le général avait aussi fait préparer un presbytère, le plus beau que j'ai vu en Algérie. C'était
une petite maison mauresque avec la cour intérieure ; deux pieds de vigne, plantés dans la cour
même, la couvrait toute entière. Cette maison n'a-
vait qu'un rez-de-chaussée. Le général avait fait
ajouter un premier étage, qui était achevé à notre
arrivée. Un terrain où couraient de belles eaux,
attenant à la maison, était destiné au jardin qui
communiquait à celui des militaires, déjà en pleine
culture, tout paré de belles fleurs et planté de
grands arbres qui pour croître n'avaient pas attendu
la présence des français.

Dès le jour de notre arrivée, il avait été arrêté
que le prélat prendrait possession de la Synagogue

et y dirait la messe. En effet le lendemain de bonne heure, les derniers préparatifs étant terminés, Mgr Dupuch se rendit à la nouvelle église. La troupe qui assistait à la cérémonie était, partie dans l'enceinte, partie en dehors et devant la porte, où la population de Tlemcen s'était aussi rassemblée. Pendant que nous aidions, M. le curé d'Oran et moi, le prélat à se revêtir de ses habits pontificaux, le général entre suivi de son état-major, et pénètre dans l'étroit sanctuaire où des sièges avaient été préparés pour lui et pour les officiers. S'approchant alors de moi, il me demanda de l'air le plus modeste la place qu'il devait occuper. — Voilà, général, lui dis-je, en lui indiquant le siège d'honneur qui l'attendait, et j'admirai le tact si délicat du guerrier, roi de Tlemcen, qui entrant dans le temple, se reconnaissait l'inférieur du prêtre et voulut recevoir de lui sa place.

Mgr dit la messe et après l'évangile se tournant vers ces braves il leur adressa de nobles paroles où éclatait son affection pour l'armée. Il avait en face de lui le Méchouar, cette citadelle des rois de Tlemcen, que les Coulouglis avaient défendu pendant cinq ans contre Abd-el-kader, pour l'ouvrir ensuite à nos braves. Cette vue lui fournit des traits éloquents, et il n'eut garde d'oublier l'illustre général qui était à leur tête et qui en récompense avait été chargé de le garder.

Le soir un incident préparé sans doute par le général Cavaignac vint suspendre le dîner. Pendant que nous étions à table, des arabes entrent en grand costume et en grande cérémonie. Ils portaient une corbeille remplie de tous les mets à leur usage. Le général s'avance vers eux, puis revenant au prélat: Monseigneur, dit-il, ce sont les chefs des tribus voisines qui vous apportent la *diffa*. C'est un hommage qu'ils rendent à tous les grands personnages qui visitent la contrée. Le prélat se lève alors, et s'approchant des chefs arabes les remercie avec effusion. Après quelques moments de conversation, le général les ayant congédiés, tous revinrent se mettre à table, et le général demanda à l'évêque s'il désirerait goûter aux mets arabes qu'on venait d'apporter; Mgr Dupuch répondit en riant que sa table n'avait pas besoin de suppléments. C'était en effet, comme à Constantine, à Médéah, etc, un splendide festin où régnait l'abondance et où le champagne ne faisait jamais défaut. Quand on songe que nous étions sur la frontière du Maroc et que rien n'arrivait à Tlemcen que par les routes que nous avions suivies et à grands renforts d'escortes, on est tenté d'accuser nos généraux de prodigalité.

Un dernier trait achèvera de peindre la noble hospitalité du général Cavaignac. Sous la tente, ainsi que nous l'avons dit, Mgr Dupuch ne mettait entre le repas et le sommeil que le temps de la prière; chez les généraux il n'en était pas ainsi, et il prolongeait volontiers les soirées qu'il rendait du reste très intéressantes par ses récits. Le général

Cavaignac avait beaucoup à faire. Abd-el-kader rôdait autour de lui ; il fallait le surveiller. Tous les jours il recevait et expédiait des estafettes ; Il avait sa correspondance à faire. Nous craignîmes, M. le curé d'Oran et moi, que ses longues soirées ne lui prissent un temps nécessaire pour son service ; nous en fîmes en particulier l'observation à Mgr Dupuch ; il la goûta, mais le lendemain il l'avait oublié, et les soirées continuaient de plus belle. Le général, au lieu d'en paraître fatigué, allait au-devant des désirs du prélat, et lui adressait les questions propres à le mettre sur la voie.

Les généraux d'Afrique, soit politesse pour leur hôte, soit penchant aux études sérieuses, donnaient volontiers place à leur table aux considérations religieuses. Un soir chez le général Cavaignac, un des convives fit une sorte de parallelle entre les juifs qui fourmillaient à Tlemcen, les musulmans parmi lesquels nous vivions et les chrétiens. Là-dessus le général Cavaignac fit cette réflexion dont tout le monde admira la justesse. Il est remarquable, dit-il, que les trois religions qui ont réuni dans leur sein le plus de croyants, la juive, la musulmane et la nôtre, ajouta-t-il, avec un accent de respect qui la mettait tout-à-fait à part, ont toutes trois pris naissance dans la même contrée. Le Sinaï, la Mecque et Jérusalem, source de ces trois grands fleuves, sont trois points peu distants les uns des autres et qui se trouvent réunis dans un coin de l'Asie occidentale.

Pendant notre séjour à Tlemcen, Mgr Dupuch eut des enfants à baptiser et des mariages à bénir. Les travaux se poursuivant dans la nouvelle église, le salon du général devint la chapelle où s'accomplirent ces actes religieux. J'ajoute un nouveau détail qui n'est pas moins curieux. Le commandant de place, M. Bernard, qui était protestant, remplissait à Tlemcen les fonctions d'officier civil et presque de curé. Il avait préparé pour l'église des registres que je parafai et sur lesquels j'inscrivis les baptêmes et les mariages que Monseigneur venait de faire ; et ce fut là le commencement de l'église de Tlemcen. Le commandant Bernard les conserva soigneusement et me les remit au second voyage que je fis à Tlemcen, pour y installer un curé. Ce singulier protestant faisait élever ses enfants dans la religion catholique.

Les devoirs qui appelaient Mgr Dupuch à Tlemcen remplis, nous prîmes congé de nos excellents hôtes, et nous remîmes en route pour revenir à Oran. Nous couchâmes le premier jour sur la rive gauche de l'Ysser, en face du camp français qui était sur la rive droite et que nous allâmes visiter. Nous passâmes et repassâmes sur ce beau pont qui six mois après devint la proie des flammes, dans une révolte des arabes.

Le lendemain nous quittâmes la route et nous nous engageâmes dans les montagnes pour abréger le chemin. Nous fîmes halte sur les bords d'un

ruisseau qui descendait de ces montagnes , lesquels étaient couverts d'une végétation ravissante. En descendant de cheval, je me mis à parcourir ce délicieux paysage et à grimper sur les
collines des environs. Pendant ce temps-là, Mgr Dupuch qui aimait la pêche, et qui avait eu la précau-
tion de faire mettre des lignes dans nos cantines,
se les fait apporter, et aidé du fidèle Jean, de l'artiste et de Mustapha, commence la pêche. Quand
je revins, j'aperçus sur le sable un monceau de
poisson. Je crus que les arabes du voisinage étaient
venus les offrir et qu'on les avait achetés. Le prélat et ses aides qui étaient tout fiers m'eurent bientôt détrompé. Les militaires de l'escorte avaient
imité le prélat, et bien qu'ils n'eussent pas été
aussi avisés que lui, ils eurent bientôt fabriqué
des lignes, et se mettant le long du ruisseau, ils
prirent du poisson plus encore que les premiers
pêcheurs. Tandis que ce poisson était étendu de
tous côtés sur la rive, deux arabes vinrent à passer
et s'arrêtèrent à les regarder. Je m'approchai d'eux
et leur dis : *meléh*, c'est bon ; non, répondirent ils,
mamenouch, c'est mauvais. Nous apprîmes en effet
que les arabes de cette contrée et beaucoup d'autres
qui habitent les montagnes ne mangent pas le
poisson. C'est la raison pour laquelle il y en avait
tant dans le ruisseau. Le fidèle Jean nous en fit
frire plus que nous n'en pûmes manger. Nous en
donnâmes aux militaires à qui il en fallait davantage, parce qu'ils étaient plus nombreux ; ils le pri-

rent, mais, comme nous, ils en eurent de reste, et
en emportèrent pour la couchée. Cette pêche fut
souvent le long de la route le sujet de la conversation, et nous appelâmes ce ruisseau, le ruisseau
de la pêche miraculeuse.

Une autre circonstance nous rendit cette halte mé-
morable. Des arabes amenèrent des chevaux et pri-
aient le grand marabout de les acheter .Mgr Dupuch
en avait besoin, parce que les chevaux étaient alors
le seul moyen de voyager en Afrique et qu'ils lui faisaient souvent défaut. Il n'en avait pas à Alger pour
le moment. Il pria donc un vétérinaire de l'armée,
qu'il avait admis dans la caravane et à sa table, de
les voir et de lui en dire son avis. Le vétérinaire
les ayant examinés dit au prélat qu'ils n'avaient
pas de vice et que le prix demandé par les arabes
n'excédait pas leur valeur. Le prélat les acheta. La
difficulté était de payer les arabes, Mgr Dupuch ne
pouvant faire la somme qui leur était due qu'avec
des *bons* du trésor. Le marché pour ce motif faillit
être rompu. Cependant les arabes qui avaient une
pleine confiance dans le grand marabout, et à qui
on fit comprendre qu'au premier poste français ils
pourraient échanger les *bons* contre des douros,
consentirent et livrèrent leurs chevaux. Avant de
partir, l'un d'eux s'approcha du sien, l'embrassa
et s'éloigna les larmes aux yeux. Le cheval est le
meilleur ami de l'arabe qui ne s'en défait que
lorsqu'il y est poussé par la nécessité. Les Français
partagent l'affection de l'arabe pour le noble cour-

sier. J'ai entendu à Médéah le cheval d'un des aides-de-camp du général Marey hennir au moment où celui-ci mettait le pied dans l'écurie. Le cavalier tout fier s'approcha, lui donna du sucre et lui prodigua ses caresses. Le brigadier qui me prêta le sien, après mon accident, me dit en me le remettant : c'est mon meilleur ami, je lui dois la vie, et là dessus il me raconta que dans une affaire avec les arabes, il fut poussé dans un ravin où il allait périr, lorsque son cheval d'un bond s'élança sur la berge opposée, malgré sa hauteur, et le sauva.

Après avoir quitté non sans regret le ruisseau de la pêche miraculeuse, nous reprîmes notre route. Vers les trois heures nous étions devant le fort d'Aïn-Témouchen. Le commandant vint sur le chemin qui passe au bas saluer le prélat et l'engager à y passer la nuit. On délibéra à cheval sur son offre ; mais le temps était beau, il y avait encore quelques heures de jour, et, après avoir remercié le commandant, nous continuâmes à marcher. Nous saluâmes en passant le camp, vide alors, où quelques jours auparavant Mgr Dupuch avait dit la messe. Nous campâmes à trois lieues de là dans un site charmant, ombragé d'arbres touffus. Repartis le lendemain de bonne heure, nous vînmes coucher pour la seconde fois aux puits de Bourchache. C'est alors que le prélat baptisa le plus jeune des enfants du braconnier, comme je l'ai dit par anticipation.

Après avoir quitté les puits, nous cotoyâmes de nouveau pendant longtemps les bords ennuyeux du lac, et arrivâmes enfin à la halte de Bridja. Après quelques moments de répit, nous remontâmes à cheval, et le soir nous étions à Miserguin. Nous nous arrêtâmes sur la colline qui est en avant du village. Il y a là de magnifiques eaux qui se rendent dans un bassin et vont ensuite arroser la plaine ou alimenter le village. Ce sont ces eaux qui entretenaient autrefois la belle forêt d'orangers dont s'enorgueillissait Miserguin ; elle a disparu comme celle de Blidah. Le camp n'était pas prévenu de notre arrivée ; puis il en est de la tente comme de la cellule du religieux ; en peu de temps on s'y habitue et on l'aime. Aux portes mêmes de Miserguin, nous couchâmes dans notre maison de toile. Le lendemain nous traversâmes encore le village qui se mit de nouveau sur ses portes pour nous voir passer, et à midi nous étions de retour à Oran.

Mgr Dupuch régla quelques affaires et visita la maison des Religieuses Trinitaires, magnifique établissement qui réunit dans son sein une salle d'asile, un pensionnat, deux classes d'externes, l'une payante, l'autre gratuite, et une salle pour les malades que les bonnes sœurs soignent elles-mêmes. C'est pour l'éducation des filles la seule ressource qu'il y ait à Oran, mais elle est grande et suffit à la population. Mon rêve chéri, pendant ma courte administration, était de fonder

pour les jeunes gens une institution pareille. Deux
écoles primaires dirigées, l'une par les frères de
St-Joseph du Mans, l'autre par un instituteur com-
munal, étaient sur un excellent pied. Le collége
aurait complété l'enseignement sous ce rapport
et largement répondu aux besoins d'Oran et de la
province. J'entretins de ce projet l'intendant militaire, M. de Guiroye, homme d'intelligence et d'action. Il goûta mon plan et devait mettre à ma
disposition un vaste bâtiment qui n'était plus nécessaire à l'armée. J'avais déjà écrit en France
pour avoir des maîtres ; le temps qui manque
pour tant de choses manqua aussi pour l'exécution de ce projet. Mais quittons Oran, et allons
visiter Mascara, la patrie d'Abd-el-kader.

M. Berthier de Sauvigny, alors sous-directeur
des affaires civiles, on dirait aujourd'hui, sous-
préfet, voulut faire au prélat les honneurs, en l'ab-
sence de M. de Lamoricière, parti pour une expédition. Il le pria de visiter la Sénia où il possédait une belle propriété. Le prélat ayant consenti, nous montâmes en voiture. Après avoir
franchi la porte St-André, nous eûmes devant
nous la vaste plaine au milieu de laquelle s'élève
ce gracieux village, qui vu de là ressemblait à un
vol de blanches colombes posées sur la verdure.
Nous suivîmes la nouvelle route qui n'était pas
encore terminée sur tous les points. Il n'y avait pas
d'église à la Sénia. Un colon avait prêté sa maison

pour en tenir lieu. Au rez-de-chaussée de cette maison inachevée, on avait improvisé un autel en planches. Le prélat y dit la messe et, à son ordinaire, distribua la parole de Dieu à toute l'assistance. Après une légère collation qui nous attendait chez M. Berthier, Mgr Dupuch, M. l'abbé Bernadou que l'état de son frère n'inquiétait plus, l'artiste, Mustapha et moi, montâmes à cheval et gagnâmes à travers champs notre route dont la visite à la Sénia nous avait un peu écartés. Quelques heures après nous arrivions aux Figuiers, village ainsi nommé de deux ou trois grands figuiers qu'on aperçoit d'Oran. Les terres à l'entour sont très fertiles, mais l'eau manque. On travaillait dès lors et on a travaillé longtemps à forer un puits artésien. On n'avait pas encore trouvé l'eau, quand j'ai quitté Oran ; j'ignore si on a été plus heureux depuis.

Nous arrivâmes ensuite au Tlélat, petit cours d'eau qui descend des montagnes voisines. Dans le commencement de la conquête, les arabes placés vers sa source avaient détourné les eaux à leur profit. La tribu qui habitait l'endroit où nous nous sommes arrêtés vint se plaindre à M. de la Moricière. — Général, dirent les députés, le Tlélat a tari et nous n'avons plus d'eau. — Que voulez-vous que j'y fasse, dit le général ? Je ne suis pas assez puissant pour faire couler les sources. — Ce n'est pas çà, reprirent les députés, nos voisins d'en haut nous l'ont volée. — C'est différent, reprit le général, et puisqu'il en est ainsi, je vous la ferai rendre. — Il envoya des cavaliers ; dès qu'ils parurent, les arabes remirent les eaux dans le lit ancien, et depuis lors le Tlélat coule où nous l'avons vu.

Après une courte halte au Tlélat, nous entrâmes dans le bois d'Ismaïl et nous ne le quittâmes plus jusqu'au Sig. Dans certains endroits les arbres étaient très hauts ; dans d'autres, ils formaient des touffes d'une moindre élévation, mais dont la verdure était ravissante. De temps en temps nous traversions des points cultivés par les tribus. Le blé jaune alors et prêt à couper se mariait admirablement avec ces bouquets d'arbres. L'arabe ne se met pas en peine d'avoir comme nous des champs bien nettoyés et terminés de tous côtés par des lignes droites. Il suit sans s'inquiéter toutes les sinuosités des clairières ; s'il rencontre une broussaille ou un bouquet d'arbres, il tourne tout autour, gratte la terre avec sa petite charrue, grande comme la main., et a d'abondantes moissons. Nous admirions ces blés d'un aspect superbe, qui tantôt embrassant un vaste espace entouraient çà et là des arbres verts, tantôt serpentant en lisières étroites et capricieuses allaient se perdre dans la forêt.

Pour éloigner de leurs blés mûrs ces nuées d'oiseaux qui les dévastent et qui trouvent un asile assuré dans le bois, les arabes ont un singulier moyen, que nous les avons vus mettre en œuvre. Ils dressent sur différents points, et, autant qu'ils le peuvent, en rond autour d'un champ, des mannequins habillés de la façon la plus grotesque. Des fils y sont attachés et viennent se réunir dans la main d'un arabe couché à l'ombre et qui *veille au grain*. Quand les oiseaux arrivent, il tire ces fils : à l'instant tous les mannequins s'agitent et les oiseaux s'envolent.

Vers le soir, et lorsque nous approchions du Sig, nous marchâmes assez longtemps dans une partie de bois délicieuse. Les arbres étaient hauts et nous étions partout à l'ombre. Enivré, pour ainsi dire, de la beauté de ces lieux, un de nous presse son cheval et devance la caravane. Bientôt il rencontre un arabe à cheval comme lui. Ils s'abordent après s'être salués, marchent quelque temps ensemble ; ensuite l'arabe prenant sur la droite dans la forêt lui fait force signes pour l'engager à le suivre dans sa tribu. Notre compagnon de voyage s'arrête prudemment et laisse partir l'arabe. S'apercevant alors qu'il est seul, il cherche à s'orienter, prête l'oreille et n'entend pas le moindre bruit ; la caravane était loin. La peur commence à le gagner ; il crie de toutes ses forces en appelant les guides. Les militaires qui formaient notre escorte étaient très attentifs ; ils s'étaient aperçus de la disparition d'un de nous. Lançant aussitôt leurs chevaux en différents sens dans la forêt, ils appellent à leur tour. Après une demi-heure de course, deux voix se rencontrent et l'aventureux voyageur est sauvé.

En sortant de la forêt, nous arrivions au Sig. Nous passâmes sur un mauvais pont en bois cette petite rivière, ou, si l'on veut, ce torrent, mais torrent qui ne tarit jamais, et qui pendant les plus fortes chaleurs conserve un volume d'eau considéble. Il n'y avait alors au Sig que deux maisons, l'une en pierre et l'autre en bois : nous logeâmes dans cette dernière. Le lendemain de bonne heure nous étions à cheval pour aller visiter le barrage.

Cette merveille due à notre armée est à une demi-lieue environ du Sig. Des détachements exécutaient sous la direction des officiers du génie ce magnifique travail, l'un des plus beaux et des plus précieux dont nous ayons doté notre conquête. L'emplacement du barrage est indiqué par la nature même des lieux. Aussi les Romains l'avaient remarqué, et y en avaient construit un ; les eaux l'ayant emporté avec le temps, les Turcs en construisirent un second qui disparut à son tour. C'est sur les débris de ces deux barrages que les Français ont élevé le leur. Avant cette époque, le Sig abandonné à lui-même, creusait à travers la plaine, où la terre végétale a plusieurs mètres de profondeur, un lit si profond que les habitants ne pouvaient pas même y aller prendre de l'eau. Les deux rives du torrent étaient taillées à pic et on ne pouvait s'en approcher sans courir le danger de tomber dans un abyme.

Le barrage reçoit ou plutôt arrête les eaux à leur

sortie des montagnes. Il est construit en magnifiques blocs, tirés des carrières qui se trouvent-
là et taillés sur place. Les deux premiers ont péri
par les affouillements des eaux ; le nôtre est en-
roché de manière à défier les siècles. Au milieu
de ce mur colossal qui traverse le torrent sont de
vastes ouvertures (vannes) destinées à régler la
distribution de l'eau ; des deux côtés du barrage
partent deux canaux latéraux qui longent la montagne et enveloppent la plaine. Ils forment deux
arcs immenses dont le Sig est la corde. C'est par ces
deux canaux et les saignées qu'on leur a faites de
distance en distance que les eaux, qui autrefois
étaient perdues dans le lit du Sig, sont distribuées
sur tous les points d'une immense plaine. Sa fertilité est telle que les arabes de ces contrées
disent proverbialement : avec de l'eau dans la plaine
du Sig on ferait pousser les cailloux. Les anciens
parmi eux se souviennent de l'aspect qu'elle présentait avant la destruction du barrage turc, et parlent avec ravissement de ces champs de coton qui
à l'époque de la maturité présentaient l'aspect d'une
terre couverte de neige.

Quand le barrage fut achevé, M. de Lamoricière
vint d'Oran à Saint-Denys-du-Sig pour en faire l'inau-
guration. Ce fut un jour de fête pour les habitants
d'Oran qui s'y rendirent en foule et pour les arabes
des environs qui n'étaient pas moins nombreux. Il
y eut des paris entre les militaires français et les
arabes. J'en rapporterai un. Un arabe examinant

les canaux et voyant l'élévation où ils se trouvaient par rapport à la plaine avait parié que l'eau ne viendrait jamais à un endroit qu'il avait indiqué ; il devait donner un mouton, si elle y arrivait, et le militaire, deux douros, si elle n'arrivait pas. Quand les vannes furent levées, arabes et français se précipitèrent à la suite de l'eau ; on tirait des coups de fusil ; ce n'était pas de la joie, c'était de l'ivresse. Le français qui avait parié était sûr de son fait ; l'arabe suivait avec lui l'eau du Sig dans son nouveau lit. Elle arriva au point marqué. « J'ai perdu, dit alors l'arabe, mais au lieu d'un mouton, j'en veux donner deux : et c'est moi encore qui gagne. » Il avait des terres dans la plaine. Cette plaine est sans contredit la plus belle, non seulement de la province d'Oran, mais de toute l'Algérie. Elle ne présentait alors à l'œil attristé que quelques champs de blé ; partout ailleurs c'étaient des touffes d'herbes hautes et épaisses, ou bien quelques arbres maigres et élançant dans les airs leurs bras décharnés. Aujourd'hui un riche et riant village, Saint-Denys-du-Sig, a pris la place des deux maisons dont je parlais tout-à-l'heure. De vastes jardins, d'immenses pépinières, des vignes de toute espèce, des champs de tabac et de coton, dans l'exploitation agricole du Sig, réjouissent l'œil. Un moulin a été construit sur le canal de droite, et lorsqu'il fut mis en jeu, le blé pouvant par ce moyen inconnu dans le pays facilement se transformer en farine, le prix du pain baissa d'un tiers dans la contrée.

En quittant le barrage, sans retourner à notre maison de bois, nous longeâmes la montagne qui ferme la plaine sur la rive droite du Sig, et une demie heure après, nous étions sur la route de Mascara. Monter et descendre, traverser des lieux âpres et d'un aspect sévère, parfois de riantes vallées, fut notre occupation de la journée. Vers les onze heures, nous arrivâmes sur la rive gauche de l'Oued-el-Hammam (rivière des bains). Un petit pont en bois, ouvrage des français, menait sur la rive opposée, et nous avions en face de nous de l'autre côté de la rivière, un grand édifice délabré où des allemands donnaient l'hospitalité aux voyageurs à la façon de l'Europe, c'est-à-dire, pour leur argent. Le prélat, soit qu'il se défiât de cette hospitalité, soit qu'il eût un autre dessein dans l'esprit, préféra rester sur la rive gauche. On apporta les cantines ; Jean, la providence de la caravane, qui avait eu soin de les bien fournir, mit la table sur une de ses caisses et nous déjeûnâmes assis sur l'herbe. Ensuite, le prélat voulut essayer d'une nouvelle pêche ; les miracles s'aviliraient s'ils étaient trop fréquents. Nous ne prîmes rien, si ce n'est une tortue d'eau douce, d'un assez gros volume. Après l'avoir tournée et retournée en tous sens pour l'examiner, nous la rendîmes à la liberté et au fleuve. Puisque j'ai nommé les tortues d'eau douce, je dirai un mot des tortues de terre. Nous en rencontrions assez souvent dans cette province, soit dans les bois, soit dans les prairies ; un de nos cavaliers descendait alors, et comme la tortue va moins vite que le lièvre, il la prenait, et nous l'emportions.

Remontés à cheval, nous eûmes, comme dans la matinée, tantôt à gravir des cîmes escarpées, tantôt à descendre dans des vallées profondes, parfois très-riantes. Enfin nous nous trouvâmes en face d'une montagne presque taillée à pic et qui nous barrait le chemin. Crève-cœur! crièrent nos guides, bon courage ! Celle de Médéah dont j'ai parlé dans le premier voyage n'est rien au prix de celle-ci et jamais nom ne fut mieux mérité que celui-là ; c'est ainsi que l'avaient baptisé nos soldats, et elle n'était connue dans l'armée que sous cette dénomination. —Est-ce que nous allons escalader par-là ? — Telle fut la question qui sortit de toutes les bouches. — Sans nul doute, dirent les guides ; il n'y a point d'autre chemin ; mais c'est aisé, vous allez voir ; et là-dessus nos militaires lancent leurs chevaux ; nous les suivons en embrassant le devant de nos selles et souvent le cou du cheval. Ces pauvres animaux, c'est le cas de le dire, suaient, soufflaient, étaient rendus. Nous fûmes obligés plusieurs fois de nous arrêter pour les laisser respirer. Enfin nous arrivâmes au haut de la montagne, et il nous semblait que nous sortions de l'enfer du Dante, pour entrer non dans le purgatoire, mais dans le paradis.

Nous étions sur le plateau de Mascara. Ce plateau est uni et cultivé, comme il pourrait l'être en

France. Nous cheminâmes longtemps par une belle route, ayant à droite et à gauche des blés, des maïs, des vignes basses et cultivées suivant notre méthode, lesquelles étaient remplies de figuiers. C'est le seul endroit où nous ayons vu la vigne tenue de cette façon. Partout ailleurs elle s'étend en nappes dans une cour, monte en treille le long des murs, ou s'élançant sur un arbre l'enlace de ses branches, forme la plus belle partie de son feuillage et y suspend ses grappes dont la couleur imite celle de l'or. La figue laisse souvent apercevoir à l'ouverture qu'elle présente au milieu une goutte de miel sortie de l'intérieur qui en est plein. Mascara était alors la seule ville de l'Algérie où l'on fit du vin. On en apporta à Mgr Dupuch et nous en bûmes. C'était un vin blanc, ou plutôt d'une couleur indécise entre le blanc et le rouge, d'un bon goût et dont la chaleur était sensible, après qu'on l'avait bu. Un jour la vigne fera la richesse non-seulement de Mascara, mais de la province d'Oran et de l'Algérie toute entière; je dis de la province d'Oran d'abord, parce que cette province a moins d'eau que les autres et qu'on finira par y préférer la vigne, laquelle une fois enracinée brave la sécheresse. D'un autre côté, cultivée en berceau ou en hautain, elle offre le meilleur abri contre les ardeurs du soleil, et quand tout est brûlé autour d'elle, elle présente à l'œil une verdure agréable et garde son feuillage jusqu'en janvier. Elle s'en dépouille alors, on dirait, par habitude, et non par la rigueur du froid qui ne se fait jamais ou presque jamais sentir en Afrique, si ce n'est sur les points élevés, et, à ce titre, Mascara l'éprouve quelquefois, comme Médéah, Tlemcen, Constantine et Sétif. Ces restes de culture que nous avons remarqués avant d'arriver à Mascara étaient le fruit du séjour assez prolongé qu'Abd-el-kader avait fait dans cette ville, la capitale de ce qu'il appelait son royaume. Il avait encouragé la culture, et les français en s'emparant de Mascara n'avaient pas été dans la nécessité de traiter la vigne, comme ils avaient fait les orangers de Blidah.

M. de Lamoricière était à Mascara, de retour de son expédition ; il pria à déjeûner le prélat et sa suite et repartit le lendemain.

Mgr Dupuch logea au presbytère, bien étroit alors et que j'ai eu le bonheur de voir agrandir pendant mon séjour à Oran. M. l'abbé Bernadou et moi allâmes occuper deux chambres dans un bâtiment destiné à l'armée.

Le prélat trouva à Mascara une paroisse parfaitement organisée. Le général de Lamoricière avait donné la mosquée qui servait d'église ; elle était assez belle et suffisait à la population. M. l'abbé Creuzat, qui était curé de Mascara, avait mis cette église sur le pied de nos cathédrales de France. Son frère qui connaissait la menuiserie, et qui par un dévoûment dont il lui a donné d'autres preuves, l'avait suivi à Mascara, le secondait admirablement

dans l'embellissement du lieu saint et du presbytère. Il avait fabriqué la plupart des meubles qui
ornaient la maison de Dieu et celle du pasteur.

Par l'ordre exprès de Mgr Dupuch, je remplis-là
mes fonctions d'archidiacre de Saint-Louis d'O-
ran. Je visitai en détail l'Eglise, les vases sacrés,
les ornements, le linge, les livres liturgiques et les
registres de la paroisse. Je trouvai tout dans un
ordre parfait. Plus tard lorsque le zèle de ce
prêtre l'eût emporté au Maroc pour tenter la conversion d'Abd-el-kader, et appellé sur lui de la
part de l'autorité militaire des rigueurs imméritées,
je me servis pour le défendre de ce que j'avais vu à
Mascara, et si je n'eus pas le bonheur de le conserver
dans ma province, j'eus du moins celui de le faire
traiter avec tous les égards dûs à son caractère
et à ses vertus.

Mgr Dupuch réunit plusieurs fois dans l'église la
population de Mascara et la nourrit suivant sa coutume du pain de la parole. Le prélat bénit aussi la
chapelle de l'hôpital, où M. Dor, le directeur, avait
tout préparé à l'avance. Après la cérémonie ce
dernier nous donna l'hospitalité avec une grâce à
laquelle ajoutaient encore les délicates attentions de
son épouse: J'en fais la remarque, parce qu'en ex-
ceptant cette circonstance et une autre seulement,
nous n'avons jamais vu dans nos courses de dames à
notre table. J'eus occasion plus tard de revoir cette
famille, et j'y fus accueilli comme nous le fûmes
tous alors.

M. l'abbé Creuzat qui connait l'arabe était en grandes relations avec les marabouts et les cheiks des tribus voisines. Un jour les principaux de ces tribus vinrent au presbytère faire visite au grand Marabout Roumi (prélat romain). Sur l'invitation de M. le curé, ils se mirent à table et mangèrent avec nous. On causa longtemps et on parla religion. Alors les arabes, qui avaient apporté un coran, nous lurent le passage où Mahomet a reconnu l'immaculée conception de la Sainte-Vierge, et que M. le Curé traduisit. Ils nous invitèrent à aller les voir dans leurs tribus avant notre départ.

En effet un beau jour nous montons à cheval M. l'abbé Bernadou et moi, et partons avec M. l'abbé Creuzat. Nous descendîmes dans un immense vallon et vîmes tout autour des groupes de tentes rangées en cercle ; nous les parcourûmes et partout nous recevions des témoignages de respect et d'affection. On nous invitait à descendre et à nous reposer sous la tente. Nous nous arrêtâmes devant celles des chefs, et étant entrés nous nous assîmes parmi ces arabes. Les femmes s'étaient cachées derrière une cloison faite avec des burnous et des branches d'arbres. Bientôt vint le couscoussou, le miel, les fruits. Nous ne fîmes que goûter à ces mets ; mais nous bûmes avec délices quelques tasses de lait doux et même du lait aigri, tel que le boivent les arabes ; on le repousse d'abord, mais on s'y accoutume vite et on le trouve bon et surtout très-rafraîchissant. En passant devant un autre douar, nous demandâmes à acheter un chevreau parmi d'autres qui sautaient dans la prairie. Les arabes nous dirent par l'intermédiaire de M. le curé qui était notre interprète : Si nous tuons les petits, comment plus tard aurons-nous des mères pour entretenir le troupeau ? La réponse nous parut juste et nous renonçâmes au chevreau. De retour au presbytère nous racontâmes au prélat notre visite aux douars ; il entendit ce récit avec un grand plaisir, car il avait pour les arabes l'affection d'un père !

Avant de quitter Mascara, il est juste de dire un mot de la capitale d'Abd-el-kader. Cette ville est comme on a pu le conclure de ce qui précède, bâtie sur un plateau élevé. Elle est environnée presque de tous côtés de pentes raides qu'on pourrait appeler des précipices ; elle est donc facile à garder. Aussi son nom signifie, l'assemblée, la demeure des guerriers. Son enceinte est vaste ; elle est entourée d'un rempart détruit en beaucoup d'endroits. Ses rues sont étroites et assez malpropres. Nous y vîmes le quartier qu'avait habité Abd-el-kader et sa famille ; il était en ruines.

La visite épiscopale terminée, nous nous disposâmes au départ. M. le curé de Mascara monta à cheval et accompagna son évêque : c'est dans la nouvelle église d'Afrique une partie de l'hospitalité. Presqu'au sortir de la cité guerrière, nous eûmes à descendre le pendant de *Crève-cœur*. Là route, si c'est-là une route, était composée d'énormes blocs de rocher, qui formaient un escalier dont les marches n'avaient pas été mesurées sur les jambes du cheval. Avant de passer de l'une à l'autre, ces prudents animaux tâtaient avec le pied la profondeur de l'abyme ; quand ils pouvaient toucher la marche inférieure, ils se laissaient aller ; mais s'ils n'y pouvaient atteindre, ils revenaient sur leurs pas et cherchaient d'eux-mêmes un endroit plus accessible. Nous les laissions faire, suivant l'avis donné par les anciens et les nouveaux guides. Cependant cette descente faite à cheval me parut trop héroïque, et mettant pied à terre, je pris la bride de mon cheval que je conduisais de droite à gauche et de gauche à droite pour trouver le point le moins dangereux. Enfin j'arrivai comme mes compagnons de voyage, qui plus courageux étaient restés à cheval, au bout de cet autre enfer.

Quand la route n'offrit plus de danger, M. l'abbé Creuzat prit congé de son évêque, et remonta vers Mascara. Nous continuâmes à descendre ou à monter, mais par des lieux moins âpres que le premier, quelquefois même agréables par la verdure de la terre et des arbres. C'est dans un de ces endroits que nous rencontrâmes les sauterelles, ce fléau de l'Egypte qui cette année (1845) ravagea l'Algérie. Ces insectes très gros, volant pesamment, venaient heurter contre nos chevaux, nos personnes, et puis s'abattaient sous nos pas. Le sol en était littéralement couvert et nos chevaux ne pouvaient poser le pied, sans les écraser par centaines. Les sauterelles, soit pour éviter le danger, soit de frayeur et à cause du bruit, se levaient par milliers et faisaient un bourdonnment étrange. Nos chevaux s'effarouchant cherchaient pour passer des endroits où elles fussent moins épaisses. Enfin nous parvinmes de l'autre côté de ce courant, non moins dangereux que celui d'une rivière. J'ai ouï dire au Sig que, lorsqu'elles passèrent au-dessus de cette plaine dont nous avons parlé, elles obscurcirent le soleil comme aurait fait un nuage.

Vers le soir, en continuant à descendre, nous vîmes s'ouvrir devant nous une grande vallée où l'œil se reposait avec plaisir sur des prairies, et au bout de ces prairies, deux tentes. Les Beni-Chougran, avertis par l'autorité militaire, les avaient dressées, et nous dispensaient ainsi du soin de déplier, planter et replier les nôtres. Les Cheiks et les principaux vinrent saluer le prélat qui les accueillit, comme il faisait toujours, et les remercia de leur bon accueil. Nous avions fait une longue et pénible route; l'air des montagnes avait aiguisé l'appétit. Jean ouvrit les cantines; on s'assit sur l'herbe et on dîna volontiers. Nous n'avions pas encore fini que nous vîmes approcher une longue procession d'arabes. Un chef les précédait, et deux jeunes hommes, qui le suivaient, portaient à peu-près comme les enfants

de chœur, le pain bénit dans nos églises, un
mouton tout entier, rôti et traversé dans toute sa
longueur d'un bâton dont les deux bouts s'ap-
puyaient sur leurs épaules. Le chef salua le prélat,
fit déposer le mouton sur la cantine et se retira
avec les porteurs et les autres arabes. Nous fûmes
un moment stupéfaits devant cette pièce, ayant
déjà dîné en partie. Cependant il fallait faire honneur aux arabes qui avaient voulu nous donner
le vivre et le couvert. Comment se peut-il, disaient
quelques-uns, que sous la tente ou plutôt dans
la prairie, sans aucuns de nos ustensils de cuisine,
on ait fait cuire un mouton tout entier? D'autres
ajoutaient : mais nous avons dîné ! malgré ces dires.
les moins timides détachent d'abord quelques lambeaux, goûtent et se lèchent les doigts ; alors sans
respect humain on se met en train de nouveau, et
nous dînons une seconde fois. Nos soldats eurent
leur part de ce plat homérique, et les arabes qui
l'avaient apporté, selon leur usage, profitèrent encore de la desserte.

Après le dîner, nouvelle surprise ; la procession
revient. Mais cette fois, c'est le café qu'apportent
les jeunes arabes, et ce qui nous étonna davantage, des tasses en porcelaine dorée. Nous demandâmes d'où elles venaient, et les arabes nous dirent
que c'était un présent du général de Lamoricière.
Mustapha à son grand regret et au nôtre en cassa
une, et le prélat ordonna d'en acheter une dou-
zaine dès notre arrivée à Mostaganem et de les en-

voyer. Il ne s'en trouva pas à Mostaganem, et nous devons encore la tasse aux Beni-Chougran. Nous prîmes le café arabe. Il est préparé un peu autrement que le nôtre. Les arabes le réduisent en poudre aussi fine que la fleur de farine, versent l'eau bouillante dessus, servent à l'instant et, sans lui donner le temps de déposer, prennent tout, la poudre et le liquide. Les français qui habitent l'Algérie s'accomodent du café arabe. Seulement ils attendent, quand il est servi, que la poudre soit un peu tombée. On le paye tout sucré un sou la tasse.

Nous couchâmes sous la tente ce qui n'avait plus pour nous le mérite de la nouveauté. Le lendemain le cheik de la tribu d'un âge avancé vint trouver le prélat et lui dit par interprète: Je suis vieux, et ne puis, comme toi, monter à cheval. Ah! si tu étais venu, lorsque j'allai attaquer la tribu des Hadjoutes... mais j'ai un fils qui tiendra ma place, et t'accompagnera jusqu'au sortir de la vallée. Le prélat lui serra la main avec affection et à la suite du fils, jeune et beau cavalier, nous nous mîmes en route. Ce guide nous était bien nécessaire. Pendant plus d'une heure nous marchâmes, non dans les mares que nous longions, mais sur un gazon mou dans lequel les pieds de nos chevaux enfonçaient, et pour comble de malheur nous avions souvent à franchir les fossés qui servaient à l'écoulement des eaux et nous courions risque d'y rester embourbés, comme avait fait le jeune artiste près d'Ain-Témouchen. Nous demandions de temps en temps au fils du cheik: serons-nous bientôt au bout? et notre guide répondait, *Choulia! Choulia!* encore un peu, encore un peu. Nous atteignîmes enfin la terre ferme. Notre aimable guide nous fit ses adieux, et continuant seuls notre route nous arrivâmes le soir à Mostaganem, que les anciens voyageurs nomment aussi Mostagan.

Cette ville est, comme Oran, coupée en deux par un ravin où coulent de belles eaux; mais tandis qu'à Oran les deux parties de la ville sont à peu près égales, Mostaganem est presque tout entier sur la gauche du ravin; il n'y a par delà que quelques maisons en ruine et les matamores, cavernes creusées dans le roc et qui servaient de retraite, tantôt aux Espagnols, tantôt aux arabes pendant leurs guerres, selon que les uns ou les autres étaient vaincus ou vainqueurs.

Nous descendîmes au presbytère ou dans le réduit qu'on décorait de ce nom. Entre un vieux mur qui formait l'enceinte et le presbytère lui-même était un terrain, grand comme un linceul, qu'on appelait le jardin. Au rez-de-chaussée deux ou trois pièces, sans autre parquet que la terre, composaient tout le logement du bon curé. Monseigneur eut une chambre chez M. Calendini, commissaire civil, qui nous donna à tous et plusieurs fois l'hospitalité de la manière la plus aimable. M. l'abbé Bernadou et moi logeâmes dans la moitié d'une de ces pièces dont la toile, qui est la grande ressource en Afrique, faisait les murs et le plafond. Par dessus ce léger plafond, nous entendions la nuit glisser quelque chose de lourd, comme un gros oiseau qui serait allé d'une extrémité à l'autre. Nous en parlâmes à M. le curé qui nous dit sans s'émouvoir : ce sont des serpents qui viennent des masures voisines et qui la nuit prennent leurs ébats sur cette toile. Il n'ajouta rien, pensant nous avoir suffisamment rassurés.

L'église, autre merveille digne du presbytère, n'en était séparée que par la rue : c'était une espèce de grand magasin au fond duquel était un autel. Sur un des côtés, on avait pris un petit carré qu'on avait séparé du reste par des planches mal jointes, c'était la sacristie ; une vieille armoire en composait tout l'ameublement. C'est dans cette cathédrale que Mgr Dupuch voulut donner une retraite à toute la population chrétienne de Mostaganem. Il la donna en effet; elle dura huit jours. Le prélat prêchait matin et soir et il ne céda la parole qu'une seule fois à M. l'abbé Bernadou et une autre fois à l'auteur de ce récit.

Quand cette retraite fut terminée, les habitants du village de Mazagran, vinrent le prier de bénir non le village qui n'existait pas encore, mais l'emplacement sur lequel il devait être bâti. Le prélat se rendit volontiers à leurs désirs, et le lendemain matin nous montions à cheval, visitions en passant le superbe haras de Mostaganem, et arrivions dans une enceinte environnée de vieux murs, mais qui n'avait d'autre toit que le ciel. Dans un des angles croissait un beau figuier ; dans un autre les habitants avaient élevé un autel et répandu à profusion la verdure et les fleurs qui ne manquaient pas en cette saison. Après la messe, le prélat parcourut le village où ne se trouvaient alors que des maisons arabes, la plupart en ruine. Nous admirâmes les belles eaux qui, après avoir erré à travers les décombres, vont arroser de superbes jardins situés au bas de la colline. Un médecin qui s'était fixé là reçut le prélat dans une maison qui était comme suspendue au bout de cette pente, et d'où la vue embrassait le fort de Mazagran dont nous allons parler, le village et la mer toute rayonnante des splendeurs du soleil et de l'azur des cieux. Là encore la présence de son épouse embellit l'hospitalité que nous y reçumes. Le docteur nous traita à la manière des Beni-Chougran et fit servir un mouton tout entier.

Avant de quitter le village, le prélat désira voir le fort de Mazagran, si célèbre par l'héroïque défense du capitaine Lelièvre et de ses zéphyrs. Nous montâmes à cheval et gravissant la côte, nous arrivâmes bientôt à la porte de cette espèce de citadelle, moitié arabe et moitié française. C'est aujourd'hui un véritable fort ; mais à l'époque où se passa le beau fait d'armes que nous venons de rappeler, ce n'était qu'une masure. Le commandant averti vint recevoir le prélat à la porte, nous conduisit à son habitation et fit servir des rafraîchissements. Il voulait retenir le prélat jusqu'au lendemain, afin qu'il pût dire la messe dans le fort. Le départ était arrêté, et Mgr Dupuch dut lui faire agréer son regret de ne pouvoir satisfaire à ce pieux désir.

Mgr Dupuch avait déjà vu le colonel, aujourd'hui le général Tartas, son compatriote et son ami qui commandait à Mostaganem. Lors de cette première visite, M. Tartas avait réuni son état-major et l'avait présenté au prélat. Dans l'allocution que Mgr Dupuch adressa à ces braves, il rendit au chef la justice que méritait sa bravoure qui était proverbiale, et en faisant la part des officiers, il trouva le moyen de placer un mot gracieux en faveur des deux grands vicaires qui l'accompagnaient. Il rappela qu'ils avaient l'un et l'autre un frère dans l'armée d'Afrique; le mien appartenait au corps même des officiers là présents; celui de M. l'abbé Bernadou habitait Oran. Avant de partir le prélat voulut faire une visite au colonel qui le reçut avec toutes les marques de l'affection et du respect; il y avait dans sa manière quelque chose de l'abandon et de l'amour d'un fils pour son père.

Le lendemain qui était le jour du départ, le bateau à vapeur ne put toucher à Mostaganem, à cause du mauvais temps. Il ne passait qu'une fois tous les huit jours. Le prélat, craignant de le manquer encore la semaine d'après, alla l'attendre à Arzeu, dans le sein des deux familles que le lecteur connait.

Il me bénit en partant et me laissa dans ma province. Hélas ! je ne devais plus l'y revoir ! Mon bonheur eût été trop grand, si j'avais pu le recevoir à Oran et le fêter comme il le méritait.

Un autre frère que j'avais en Amérique m'avait envoyé, tandis que j'étais encore à Paris, des ananas, des citrons confits et autres *douceurs* des colonies. Ces fruits me suivirent à Alger et à Oran. Je les gardai avec soin, sans y toucher, attendant le jour où il me serait donné de les offrir au digne évêque. Ce jour n'arriva point. Les affaires d'abord retinrent le prélat dans les autres parties de son vaste diocèse, puis vint la démission. Je ne revis le saint évêque, qu'au moment où il allait partir pour l'exil. Moi-même je le suivis de près ; mais avant de perdre de vue le rivage africain, je ne pus m'empêcher, je l'avoue, de m'écrier plusieurs fois :

En unquam patrios longo post tempore fines ?

Virg. Eglog. 1re.

Quand viendra le jour où je reverrai les champs de ma *nouvelle* patrie? Quel autre Mécène me rendra l'héritage que je tenais de mon père selon la foi ?..

Et maintenant, saint pontife, j'ai acquitté une partie de ma dette ; j'ai révélé quelques-unes de vos vertus. Mais je n'ai rien dit de votre pieuse enfance ; du zèle que vous mettiez, dès votre éducation cléricale, à instruire le premier âge, zèle dont Paris garde encore la mémoire ; rien de votre jeunesse sacerdotale et de ces brûlantes prédications qui entraînaient la foule après vous et la suspendaient à vos lèvres; rien des œuvres admirables que vous aviez fondées dans votre patrie; rien ou presque rien des œuvres plus étonnantes que vous avez semées sur vos pas dans votre immense diocèse, œuvres si belles et si nombreuses que les entretenir sera la gloire de vos successeurs. Mais il suffit, Dieu les connait; et, j'en ai la confiance, en vous les montrant écrites dans le livre de vie, il vous a dit : bon et fidèle serviteur, entre dans la joie de ton maître!

Que me reste-t-il donc, sinon à vous adresser une dernière prière; écoutez-la, comme vous écoutiez mes demandes aux jours de nos pérégrinations; elle clora ce livre qui n'a été entrepris que pour vous : Apôtre de l'Algérie, restaurateur de l'antique église des Cyprien et des Augustin, auxquels vous êtes maintenant réuni, puisque vous m'avez associé à vos travaux sur la terre, obtenez-moi de partager un jour votre gloire dans le ciel! Amen!

FIN.

CHALONS-SUR-MARNE. — IMP. LAURENT.